Crónicas
del gran tirano

Nazario

Crónicas
del gran tirano

EDITORIAL ANAGRAMA

BARCELONA

Ilustración: tomada del capítulo «Alcohólicos», *Plaza Real safari*, © Nazario, 1995

Primera edición: *marzo 2025*

Diseño de la colección: Julio Vivas y Estudio A
© Nazario Luque Vera, 2025
© EDITORIAL ANAGRAMA, S. A. U., 2025
   Pau Claris, 172
   08037 Barcelona

ISBN: 978-84-339-2933-4
Depósito legal: B. 207-2025

Printed in Spain

Liberdúplex, S. L. U., ctra. BV 2249, km 7,4 – Polígono Torrentfondo
08791 Sant Llorenç d'Hortons

Parte primera (2015)

ATRAPADO EN LAS REDES DE MICH

Debía de ser a comienzos de verano cuando, un día que me encaminaba hacia la Panadería del Pi de la calle Ferran, me crucé con aquel hombre inválido sentado en una silla de ruedas al que durante años había estado fotografiando desde mi ventana. Había pasado por su lado miles de veces sin que nuestras miradas llegaran a cruzarse ni siquiera por casualidad. Resultaba curioso pensar que, al aproximarme a alguien a quien había estado observando durante tanto tiempo desde la lejanía de mi ventana, una especie de muro de cristal se interpusiera entre nosotros, haciéndonos invisibles el uno para el otro. Podía mirarlo como se mira una palmera o una farola. Pero aquel día, al parecer, el muro se resquebrajó, y quedé extrañado al comprobar que la redondeada y bonachona barba canosa con la que lo había estado viendo hasta entonces había desaparecido. El sátiro malicioso rebuscador de basura, con la barba y el sobado sombrero marrón del que emergían unas grasientas greñas grisáceas, había desaparecido y dado paso ahora, bien afeitado y con el pelo corto, a un inofensivo tipo enfermizo. Aunque, eso sí, sin perder la sonrisa y los ojillos vivaces de sátiro malicioso.

9

Desde hacía muchos años lo veía circular por la plaza y, prácticamente, vivir en ella. Primero moviéndose por su propio pie, hasta que de pronto, un día, el hombre y la mujer que a menudo lo acompañaba habían aparecido desplazándose en sillas de ruedas. Ahora eran tres, unidos por los tetrabriks de vino blanco que se iban pasando de mano en mano, porque ya otro del grupo hacía tiempo que utilizaba una. Pero, mientras que los otros dos, de buenas a primeras, se presentaron en sendas sillas de ruedas, este fue sufriendo una evolución, comenzando con un vendaje en un pie que lo obligó a usar un bastón, hasta, tras un tiempo con el pie vendado, acabar un día sentado en la silla con una pierna menos. Yo jamás me había atrevido a cruzar una palabra, ni una sonrisa, ni siquiera una mirada, con ninguno de ellos, temeroso de que, al encontrármelos todos los días, se pudiera crear el más mínimo vínculo por el que me viera obligado a hacerlo cada vez que pasara junto a ellos. Hasta ahora, el interés que había despertado en mí la presencia de estos «vecinos», en grupo o aislados, a pesar de conocer sus más íntimos movimientos, observados y fotografiados desde las alturas, no difería en absoluto de la atracción que sentía por las actuaciones de los grupos de jóvenes marroquís saltimbanquis, de los músicos búlgaros o rumanos o de otros alcohólicos que pasaban temporadas en la plaza durmiendo, pidiendo cigarrillos o bañándose en la fuente. Toda mi curiosidad al examinar sus menores desplazamientos y aventuras desaparecía al encontrármelos cara a cara. Pero, inexplicablemente, aquel día me atreví a dirigirles la palabra, y le pregunté al tipo del sombrero por algo tan banal como por qué después de tantos años llevando esa redondeada barba canosa de pronto se la había afeitado.

¿Qué podía importarme a mí aquel hecho? ¡Podría haberle preguntado, por ejemplo, qué había pasado con su pierna, o de dónde era, o qué había sido de aquella guitarra que tenía! Pero no: preguntarle por su país de origen supondría una intromisión en su vida privada, y hacer mención de la guitarra que tocaba hacía años equivaldría a confesarle que lo conocía desde hacía mucho tiempo. Se me ocurrió que, preguntándole por su antigua barba, daba por sentado un conocimiento previo pero cercano en el tiempo, ya que solo hacía uno o dos días que se había afeitado. Yo no me até a él con una pregunta, simplemente le hice un comentario, sonriendo, casi de pasada, sin acercarme, implicándome solamente con una rápida mirada superficial. Pero fui consciente de las consecuencias de la ruptura de esa barrera que había existido entre ellos y yo, y que había caído hecha añicos a partir de esa tonta observación.

La mirada del hombre del sombrero fue directa y cautivadora, lo que hizo que viera claramente la imposibilidad de dar marcha atrás, y me sentí, ya desde ese momento, irremisiblemente atrapado. Era obvio que aquel hombre tenía ganas de hablar y, hábilmente, me echó un lazo que apretó con fuerza al mostrarme el esparadrapo que llevaba en el brazo, de un blanco aún inmaculado, a la vez que me confesaba que había estado más de una semana en el hospital entre la vida y la muerte. Por supuesto, exageraba para darle dramatismo a la historia y mover a conmiseración a aquel nuevo e inesperado oyente. Conforme me hablaba de lo mal que lo había pasado con la operación, me fui dando cuenta de que, con la confesión de esas intimidades, la araña que sin duda era me estaba envolviendo delicadamente en sus hilos de seda y colocándome en un lugar de su tela en donde debía de guardar piezas de reserva que podían serle útiles en los momentos adecuados. Aunque esto debí de pensarlo más adelante, y no en aquel momento de confusión y embaucamiento. Tanto él como su

11

amigo, algo más joven, de pelo largo y rizado atado en una coleta, al que siempre había visto en su compañía formando una rara y curiosa simbiosis, estaban como apiñados en el rincón del bar Sidecar, mientras que la mujer que los acompañaba siempre se mantenía aparte, entre la arcada que comunicaba con la calle del Vidrio y la que salía a la calle de las Heures.

Sabiéndome presa idónea para aquella araña asentada en la plaza y dispuesta a atrapar en sus redes a cualquiera que se le pusiera a tiro, yo, desde ese momento, me presté a ser una de las víctimas que buscaba. Solo tenía que, por ejemplo, entrometerme algo en la intimidad del grupo mostrando curiosidad por cualquier detalle que, de inmediato, me abduciría en un remolino de confidencias. Esta clase de araña, aparte de buscar algún tipo de beneficio material, dada su precaria situación, debía de desear captar espectadores pacientes ante los que poder representar las obras que todas las arañas charlatanas suelen guardar en la mochila esperando al público adecuado. Un público silencioso, dispuesto a asentir y aplaudir sin intención de interferir en sus actuaciones y, sobre todo, sin pretender hacerles la competencia intentando largarles a su vez sus propias historias. «Masoquista» sería el calificativo adecuado para definir a ese público dispuesto a «tragárselo todo», y, en ese sentido, yo reunía todas las condiciones para ser el oyente perfecto. Las arañas hambrientas de público de eso saben mucho, y desde el momento en que comenté que creía saber que la mujer había sido la primera en instalarse en la plaza, supe que, definitivamente, me tenía en el bote.

La mujer, tocada con una pamela, aferrada a una lata de Voll-Damm que tenía en el regazo, sonrió al darse cuenta de que estábamos hablando de ella. El hombre del sombrero, casi enfadado, sintiéndose rebajado de categoría, afirmó que era él el más antiguo de la plaza y que ella, Helga, había llegado mucho después.

¡Claro que, antes de que me despidiera, el ahora rasurado, con cara de granuja y sonrisa seductora, me pidió unas monedas! Y claro que, con la moneda de dos euros que le di, aquellas relaciones quedaban pactadas y selladas para siempre, inquebrantables, y ambos, cada uno a nuestra manera, nos dimos cuenta de ello.

LAS SARDINAS DE TROYA Y LA SOLEDAD

Al día siguiente, al pasar junto a ellos, ocurrió lo que llevaba años intentando evitar: los saludé y, lo que era lo mismo, me detuve un momento a escucharlos. Ya era imposible pasar de largo. Claro que el dicharachero viejo de la cara ahora rasurada, al que llamaban Mich, se mostró entusiasmado al saber que el señor mayor del pelo blanco y el bigote iba al mercado (porque yo, que no tenía nada que contarles, les dije que iba al mercado a comprar comida) y que, además, según le había comentado en un desliz de excesiva confianza, posiblemente compraría sardinas. La evocación de las sardinas llevó al tal Mich a disertar sobre ellas, comenzando por confesarme que era marroquí (algo que yo ya había sospechado), y luego que había nacido en un pueblo de pescadores, que el pescado era su comida preferida y que hacía ya tantos años que no lo comía que hasta había olvidado su sabor. Inmediatamente, el señor mayor del pelo blanco debió de prometerle que compraría más cantidad y le bajaría algunas recién fritas. Los otros que lo rodeaban debieron de hacer comentarios entre ellos, sin que me detuviera a escucharlos, mientras me despedía y proseguía mi marcha hacia la Boquería atravesando Ferran hacia la calle Quintana para esquivar las Ramblas y a los turistas.

A la vuelta intenté pasar de largo sin saludarlos, pensando que ya hablaría con ellos cuando bajara con las sardinas fritas, pero el arácnido Mich me llamó a gritos pidiéndome que, por favor, le mostrara las sardinas que había comprado. Arrobado, las contempló (eran grandes, frescas y relucientes), sin decidirse a pedir permiso para tocarlas. No obstante, no pudo resistirse a acariciarlas con gran deleite con las puntas de los dedos, lo que provocó las protestas y reconvenciones de los demás.

No tardaría yo mucho en salarlas, rebozarlas y freírlas pensando con entusiasmo en la alegría con que recibirían todos aquel inusual obsequio. Porque el cocinero quería esmerarse ofreciéndoles un regalo en toda regla: repartió las sardinas en tres raciones y las envolvió en papel de plata para que conservaran el calor. Todos se deshicieron en elogios y agradecimientos. Comer pescado recién frito no debía de ser nada normal en su magro menú consistente en no comer nada, en comer pobres bocadillos, alguna pequeña hamburguesa, restos de pizza o cualquier sobra encontrada en las papeleras. ¡Qué me iban a contar a mí sobre la dinámica de los alcohólicos! A primeras horas de la mañana había que beber deprisa para hacer desaparecer la resaca y, cuando uno se venía a dar cuenta, ya comenzaba a estar borracho de nuevo. Arrastrados por esta rutina, la comida se convertía en algo secundario y prescindible. No estaban dispuestos a consultar el reloj para saber que se aproximaban las once, lo que supondría el enorme esfuerzo de tener que apurar o esconder los tetrabriks y empujar el carrito hasta el no demasiado lejano comedor de las «misioneras de la caridad» de Calcuta en la iglesia de San Agustín, y tampoco los horarios del otro comedor más recoleto y cercano de las mismas monjas en la calle de la Lleona le venían bien a ninguno, aparte de que, según decían, la comida que daban no les gustaba. El interés por la comida quedaba eclipsado por la preocupación constante por conseguir bebida y cigarrillos. Ninguno debía de saber quién había sido un santo llamado Mateo, y mucho menos que hubiera dicho que, un día, el padre celestial los alimentaría en forma de viejo de pelo blanco con bigote.

Tras volver a comer sardinas en múltiples ocasiones (el caprichoso Mich me pidió que, por favor, a las suyas no les quitara las cabezas porque era lo que más le gustaba del pescado), comenzó a establecerse una relación que, poco a poco, se iría convirtiendo en costumbre. De modo que el esforzado cocinero, ahora viudo y solo, iba a hacer la compra y cocinaba pensando que, a diario, tendría tres invitados a comer. Solo había que guisar algo más de comida con el fin de que salieran varias raciones para ellos. Debieron de acoger aquellas comidas, calientes, recién hechas y entregadas en mano, con gran entusiasmo y agradecimiento. Guisos de sepias con patatas, albóndigas con salsa o con tomate, y lentejas con chorizo o arroz caldoso podrían haber sido los primeros menús y los que debí de repetir con más frecuencia. Comidas casi de rancho, no para dos como hacía con Alejandro sino, ahora, para cuatro. Fui, poco a poco, perfeccionando el reparto al descubrir que en las tiendas de los chinos vendían unos tápers de tamaño mediano para una ración y cucharillas blancas de plástico. Hacía la comida, comía y, normalmente, después de la siesta, la volvía a calentar y la repartía en tres tápers que guardaba en bolsitas, cada una con su cuchara, y bajaba a buscarlos. Sabía que no era buena hora, pero cuando terminaba de hacer la comida solo me apetecía comer y acostarme a dormir la siesta como había hecho siempre. El comprar y hacer

15

la comida no suponía un gran esfuerzo porque, de todas formas, tenía que hacerlo para mí, pero el tener que bajar y subir los cuatro pisos y, sobre todo, encontrarlos para entregarles la comida, constituiría siempre mi gran problema.

Lentamente me fui introduciendo en aquel mundo cerrado que había estudiado casi como un entomólogo, pero en el que jamás había entrado. A partir de aquí seguiría viendo desde la ventana a aquellos tres..., ¿cómo llamarlos ahora?, ¿amigos?, ¿protegidos?, ¿comensales?, convertidos en personas cada una con su propio nombre y su propia idiosincrasia. Mi trato con ellos no tardaría en alcanzar niveles que sobrepasaban la simple relación del mensajero que toca el timbre, entrega el paquete y se despide. Teniendo en cuenta que el hombre al que llamaban Mich, a quien le había ido creciendo la barba de nuevo, aparentaba ser el cabecilla de todo el grupo, no solo le interesaba recibir la comida, sino contar con la presencia de un complaciente interlocutor, y una vez que mis apariciones se fueron haciendo habituales, la comunicación y una cierta complicidad comenzaron a establecerse entre nosotros.

Mich se irá abriendo paso como gran protagonista de este libro. Este personaje, de cuya vida apenas si conoceré algunos pequeños datos, a menudo contradictorios, será admirado y temido por compañeros de penurias y por voluntarios y jefes de la Fundació Arrels que pretenderán «domesticarlo» para, al menos, frenar su galopante degradación física, sin lograrlo. Mich conseguirá averiguar datos de mi vida −el hecho de ser artista famoso o de ser homosexual− para inventarse historias escabrosas en su propio beneficio, no obstante respetarme y admirarme.

Yo había visto que tenían sus amigos y a ellos se adosaban alcohólicos, indigentes, monjas o voluntarios de fundaciones con los que mantenían algún tipo de vínculo, viejos vecinos del barrio o aquellos hombres a los que un día había dado en llamar «hombres sin rumbo»: hombres que aparecían por la plaza con una mochila o una pequeña maleta, pasaban una temporada más o menos larga en ella y desaparecían.

Mis amigos se fueron enterando de estas «nuevas amistades» y sus comentarios eran de lo más variopinto. En algunos creí ver sentimientos de admiración; en otros, de extrañeza, y en todos, de asombro ante tamaña extravagancia, porque una cosa era que les diera comida y otra que me sentara en el suelo a charlar con ellos. De todas formas, esta especie de oenegé individualista y anárquica solo era conocida por algunos de los amigos más íntimos, vecinos de la plaza.

En las relaciones que se establecieron entre nosotros siempre prevalecería el respeto mutuo y la no intromisión en la vida privada de cada uno. Nunca manifesté interés por saber nada que ellos no quisieran contarme, y ellos tampoco me preguntaron nada en absoluto sobre mi vida, mi trabajo, mi estado o ni siquiera por el lugar donde vivía. Posiblemente para ellos mi retrato robot fuera bastante simple desde el comienzo: señor mayor español que debía de vivir cerca de la plaza, disponer de una paga de jubilación lo suficientemente holgada como para permitirse el capricho de proporcionarles comida y tabaco o regalarles a menudo dinero para comprar vino y que nada tenía que ver con la Fundació Arrels ni con ninguna asociación encargada de la reinserción de alcohólicos sin hogar.

Y yo en aquel tiempo era un señor que acababa de cumplir setenta y un años, a quien nunca le había gustado vivir solo, y que había procurado compartir piso con amigos hasta encontrar a Alejandro. Con él conviví treinta y seis años en aquella casa de la plaza Real. Su muerte, acaecida a finales del año anterior, me había dejado como un perro abandonado en una cuneta. Para colmo, mi único hermano, con el que me unía una estrecha amistad, había muerto a principios de ese mismo año. Hasta ahora, pasada mi etapa de alcohólico, había vivido enclaustrado, centrado en mi trabajo ya fuera como dibujante, escritor o fotógrafo; centrado en mi manía de coleccionar postales, discos, libros y chucherías de anticuarios, o en mis relaciones de pareja abierta con Alejandro y una serie de novios fijos que nos repartíamos entre ambos. Muerto Alejandro, todo se desmoronaba de golpe o lo iría haciendo poco a poco. Aunque continuaba manteniendo relaciones esporádicas con algunos amantes y me reunía a veces con amigos, mi vida, ahora viudo y huérfano, había sufrido una dramática transformación. La soledad terminó minando mi cotidianidad y, en medio del desbarajuste, en una época de readaptaciones, había decidido un día recurrir, inconscientemente, a mi vena solidaria de raíces religiosas y altruistas para cumplir con algunas de las llamadas «obras de misericordia» alimentando a esos alcohólicos inválidos de la plaza y, más adelante, enseñando español a un reducido grupo de inmigrantes.

PRESENTACIONES

Mich había comenzado diciéndome que se llamaba Mohamed, para pasar otro día a llamarse Cris y terminar confesándome que, en realidad, se llamaba Mohamed, pero que todos le decían Mich. El marrullero que era el tal Mich no me llamaba casi nunca por mi nombre. Posiblemente si, en lugar de decirles que me llamaba Nazario, les hubiera dicho que mi nombre era Paco o José, como suelen hacer la mayoría de mis amantes pakistanís diciendo llamarse Ali, los enredos que a menudo tenían con el nombre no hubieran sido tan frecuentes, y él no me llamaría ni amigo, ni jefe, como hacen la mayoría de mis amantes, ni siquiera compañero, sino hermano. Su efusividad zalamera algunas veces se desbordaba, y no solo me pedía un abrazo, sino que a menudo me lo exigía.

El rincón del Sidecar suele ser el preferido de todos por varias razones esenciales: es el único bar de la plaza que abre sus puertas al atardecer; es una encrucijada en la que confluyen la calle del Vidrio, por la que se entra a la plaza desde la calle Ferran, y la calle de las Heures, solitaria y sin tiendas, lo que la hace idónea para ser utilizada como excusado. Yo solía encontrármelos por allí casi todas las mañanas. Para ellos, acostumbrados a ver pasar a la gente sin mirarlos apenas, ignorándolos como si fueran invisibles (de hecho, yo me había estado comportando durante años de igual forma), el que cualquiera se parara junto a ellos y se acercara para ofrecerles un cigarrillo y charlar un rato era motivo de alegría y entretenimiento. Mich solía acapararme, a utilizarme en exclusiva, para hablarme de él y de sus enfermedades, sobre todo de sus enfermedades. Pero también, en sus momentos «felices», se entusiasmaba contándome sus sueños y fantasías, que se limitaban a tener una habitación para él solo, estar en una residencia o conseguir unas prótesis para su pierna amputada. El tema de los robos, de los enconos, las manías, las maliciosas maniobras para conseguir lo que se proponían y las venganzas era común a todos.

No obstante, los grandes problemas cotidianos de esta comunidad se reducían a la falta de dinero: dinero para comprar vino, tabaco, pan o alguna lata de sardinas, pilas de transistor o cualquier pequeño capricho. Y la forma de conseguirlo era pidiendo. Una vez resueltos estos problemas, podían disfrutar emborrachándose, riendo, charlando y peleándose hasta quedar rendidos dormitando.

Esta fauna, la mayoría de ellos carne joven de cárcel, había terminado enganchándose a trompicones a una droga barata como era el alcohol, malviviendo y maldurmiendo en la calle o en cajeros automáticos hasta verse convertidos, ya mayores, con suerte, en protegidos por fundaciones de beneficencia.

En la vida cotidiana de aquel grupo el hecho de que, de buena mañana, una ambulancia recogiera a uno de ellos para llevarlo a urgencias podía suponer un gran acontecimiento. Y cuando yo me presentaba con la comida, todos se apresuraban a darme la noticia.

Esta vez se habían llevado a Moisés, y Mich sostenía que probablemente se tratase de algo malo en la barriga, el hígado o las tripas, que eran sus puntos flacos. Avisaron para que fueran a por él porque su aspecto era cadavérico. Mich no se detuvo demasiado en el tema de las enfermedades de los otros y, ese día, ni siquiera habló de las suyas. Se dedicó a desbarrar sobre un lugar al que llamaba «Binglas» (con el tiempo descubrí que se trataba de «Vincles»), en donde pernoctaban todos los que, como él, no tenían donde dormir. Yo me enteraría más adelante de que aquel albergue pertenecía a una fundación llamada Arrels y que estaba en la cercana calle Arco del Teatro. Mich se quejaba de que en aquel lugar hacía mucho calor y de que se había peleado varias veces con voluntarios y encargados porque unos rumanos, que también dormían allí, querían robarle. De acuerdo que allí le guardaban las pastillas que tenía que tomar, y la crema que le aplicaban en los brazos y, cuando era necesario, le practicaban curas, pero aquella gente lo que quería era controlarlos, obligándolos a ir todas las noches y tenerlos encerrados desde la hora de entrada hasta que les abrían la puerta por la mañana, y él decía que quería ser libre para dormir a la hora que le apeteciera y donde quisiera. Pero eso no era verdad, como pude descubrir con el tiempo al irme enterando de que, en realidad, Mich había sido expulsado y le habían prohibido la entrada en un albergue que dicha fundación tenía junto a las Tres Chimeneas del Paralelo por haberse peleado con unos sudamericanos que, según él, le habían robado cosas de valor.

A su lado, sentado en el suelo junto al carrito de Mich, estaba Omar, otro marroquí integrante del grupo, al que le gustaba hablar, como a todos, aunque a menudo permaneciera en silencio y meditativo (no enajenado como cuando estaba muy borracho, pero sí ensimismado), sin prestar demasiada atención a la dicharachería de su amigo, limitándose a callar y corroborar lo que el otro decía. Resultaba evidente que, al ser Mich el que siempre llevaba la voz cantante, los demás (y sobre todo este Omar) no se atrevían a abrir la boca. Omar actuaba de comodín: solía hacer de chico de los recados, empujaba el carrito por las noches para llevar a Mich o a cualquiera de ellos al albergue, pero su trabajo más peculiar consistía en escanciar el vino de los tetrabriks en los vasitos de plástico que solían usar todos. Pronto descubrí que Omar lampaba por encontrar un hueco en la conversación y contar sus historias, pero la mayoría de las veces se encontraba con que nadie le prestaba atención, ninguneándolo. Como ya sabía que todos pretendían contar sus historias, desde el primer día me dispuse a asistir como oyente, como convidado de piedra, a aquellos soliloquios sobre enfermedades, visitas a los hospitales y robos. Todos se quejaban continuamente de haber sido víctimas de robos, y era frecuente que se acusaran unos a otros por la desaparición de alguna propiedad. Como era un tema que siempre se alargaba y terminaban enzarzándose en discusiones interminables, yo a veces intervenía para intentar desviar las discusiones hacia otros terrenos. Podía comentarles riendo que muchas veces me había preguntado cómo era posible que a esas horas de la noche Omar fuera capaz de llevar el carrito de Mich sin caerse, estando ambos tan borrachos. Inmediatamente Mich saltaba acusando a Omar de haberlo tirado hacía solo unos días. Él se excusó diciendo que no había sido culpa suya, sino que, al coger una curva, el carro había derrapado porque el suelo estaba mojado.

Omar, aun siendo enclenque, era el más fuerte de todos ellos. Prácticamente nunca visitaba los hospitales, como no fuera por pequeños accidentes. A pesar de su calva y los escasos dientes que conservaba, de su cara de pícaro de mirada maliciosa y escrutadora, de sus rasgos duros con la nariz recta y el labio superior inexistente mientras ofrecía el inferior en bandeja, manteniendo con frecuencia la boca cerrada con fuerza como suelen hacer los que quieren ocultar la rala dentadura, Omar era el único del grupo que mantenía relaciones con mujeres. Eso provocaba admiración y envidia en el resto, sobre todo en Mich, que posiblemente viera en él el retrato del galán que un día él mismo había sido.

SESIÓN DE RETRATOS Y RECUERDOS

Cuando llegaba finales de julio, la belleza de las flores de la eritrina, de un color rojo intenso, no pasaba desapercibida para cualquier amante de los árboles y las flores. Una mañana que volvía de hacer unas fotos a la eritrina que hay detrás de la iglesia románica de la plaza del Padró, me encontré con ellos. Al verme con aquella cámara enorme al cuello, se mostraron sorprendidos y admirados. Como mis amigos pakistanís, lo primero que preguntaron fue el precio que aquel enorme artefacto podía tener. Lo que ninguno imaginaba era la cantidad de movimientos, gestos, situaciones y detalles de sus propias vidas que aquel objetivo había ido atrapando y almacenando en su interior, durante años y años, hasta llegar a acopiar el inmenso archivo que el señor de las comidas había logrado reunir observándolos oculto en su atalaya. Mich enseguida sugirió que le tomase un retrato, y Helga me hizo un gesto para pedirme que esperara mientras sacaba de un bolsito un pintalabios y pintura de ojos y se retocaba un poco sonriendo con coquetería. Omar, que iba tocado con uno de los gorros de Alejandro que le había regalado, también posó haciendo un brindis con un vasito blanco de plástico. En cambio, Moisés, al que acababan de traer de nuevo del Hospital del Mar, se quitó de en medio arguyendo que no era fotogénico. Fueran cuales fueran las razones, siempre se mostraría reacio a que le hiciera fotos. Mich exhibió su sonrisa bonachona de picarón y los dedos abiertos en señal de paz. Ambos –él luciendo en el pecho y en las muñecas vistosos abalorios, y ella, con su pamela clara con lazo de tela estampada de flores y mostrando igualmente una amplia sonrisa, sus bellos ojos gris azulado y su espléndida batería de anillos, pulseras y collares– ofrecían el aspecto de dos viejos jipis trasnochados. Tras verse en la pantalla, todos pidieron que les sacara copias en papel para tenerlas.

Cuando les hice las copias de las fotos como les había prometido, se me ocurrió hacer copias también de algunas fotos muy antiguas en las que aparecían ellos rodeados por algunos amigos del barrio. No hicieron ninguna pregunta sobre cómo y cuándo se las había tomado, pero sí les im-

23

presionó ver que muchos de los amigos que allí aparecían ya estaban muertos.

Había escogido fotos en las que aparecía el famoso turco al que llamaban Alibi en silla de ruedas, mostrando el muñón de su muslo amputado. De él contaban que a veces manejaba dinero y le daba a alguien cien euros para que le comprara algo, y cuando volvía con la compra, le decía que se quedara con la vuelta, fuera el dinero que fuese. Solía colocarse en el rincón de la entrada de la plaza, junto al escaparate de la tienda de souvenirs de los indios. Aquel lugar recibiría desde entonces el nombre de «el rincón de Alibi». Ninguno sabía si percibía alguna indemnización por el accidente que decían que había sufrido en el metro cuando cayó a las vías y lo arrolló el vagón, ni si tuvieron que amputarle la pierna o fueron las mismas ruedas las que se la habían cortado.

De ese incidente me enteraría otro día. En cambio, todos coincidieron en recordar el final del turco: un día le clavó a un guardia un tenedor en la pierna y desde entonces desapareció de la plaza sin que nadie hubiera vuelto a saber más de él. La vida de aquel hombre pertenecía un poco a la prehistoria de mi archivo y, aparte de esas anécdotas que me contaron, permanece en esa nebulosa por la que pululan las imágenes que suelo encontrarme repasando las fotografías en la pantalla del ordenador. Porque de la vida de este hombre surgieron al menos algunos datos, pero en lo tocante a aquel joven inválido al que le faltaban las dos piernas solo aludieron a su existencia llamándolo Andrea. El chico, que tenía aspecto de Iván el Terrible, con su larga barba canosa y sus greñas cayéndole por los hombros, deambulaba por la plaza algo solitario, aunque a veces también lo vi reunido con un grupo de alcohólicos habituales entre los que estaba Moisés cuando aún conservaba las piernas sanas.

Todos estaban al sol, y cuando volví a echar otra ojeada, el tal Andrea estaba tumbado en el suelo durmiendo, y su silla, ocupada por Moisés. Alguien había comentado que estaba muy loco, y un día fui testigo de alguna de sus «locuras»: era el tipo que se introducía entre las mesas de la terraza del bar Tobogán con la cabeza oculta dentro de una caja de cartón. Pero de él guardo un recuerdo amargo que durante un tiempo llevé clavado como una espina. Un día me crucé con él en mitad de la plaza y oí que me saludaba diciéndome «Adiós, Nazario» y yo le dije adiós sin pararme por temor a que un acercamiento (como al final había terminado resultando) pudiera tener consecuencias comprometedoras para mi privacidad cotidiana. De pronto un día me di cuenta de que hacía ya tiempo que no lo veía.

De quien sí habían vuelto a saber, como me dijeron todos cuando vieron las fotos, era de aquel moreno magrebí de pelo rizado que acostumbraba a zambullirse en la fuente y andaba por la plaza medio desnudo haciendo locuras. Para mí, aquel loco fue el gran entretenimiento de todo un verano hasta el punto que llegue a inventarme un nombre para él: «Morenito de Maracay». Sus caóticas aventuras atiborraron mi archivo de fotos, vídeos y fotomontajes. De un salto se metía en la fuente y se paseaba por ella chapoteando y salpicando a los turistas escandalizados. O se paseaba por la plaza en bañador dando saltos y haciendo piruetas y abordaba a los paseantes saludándolos o pidiéndoles cigarrillos. Ellos lo consideraban igual de loco y también se inventaron un mote, llamándolo «Bin Laden». Era bereber, y las relaciones que habían mantenido con él, quizás por su carácter histriónico, independiente y exhibicionista, habían sido un poco distantes. Mich se conocía bien su historia y contó que había estado en Can Brians acusado de violar a una italiana (aquí Mich añadió, movido por su impenitente misoginia, que la italiana era pinchota, como si ese detalle eximiera al bereber de la gravedad del delito). Rastreando con mi cámara, al cabo de unos años, entre los vendedores domingueros, lo volvería a reconocer. Ahora con el pelo y la barba más blancos, algo más gordo y jugando con un perro, para luego esfumarse definitivamente.

Omar no aparecía en ninguna de las antiguas fotos, y justificó su ausencia haciendo una leve referencia a haber estado unos años en la cárcel justo por aquella época. Pensé que tal vez los ingresos y salidas de prisión debían de ser, en más de una ocasión, la causa de la aparición y desaparición de muchos de estos hombres en la plaza. También sus ingresos y salidas de los hospitales, que a veces se convertían en desapariciones definitivas, debían de ser causa de las ausencias.

Mich sintió nostalgia y algo de conmiseración al verse, no hacía tantos años, andando con su guitarra y su mochila a cuestas para luego aparecer con la punta del pie vendada. Culpó de la desgracia a unas botas de piel que le habían hecho mucho daño en el dedo gordo. Omar corroboró el asunto de las botas recordándolas con admiración, diciendo que eran unas botas vaqueras muy chulas con unas punteras así de finas. Fueran las botas las culpables o la gangrena, como sostenía Moisés, el caso es que tuvieron que cortarle los dedos y hubo un tiempo en que caminaba con el pie vendado apoyándose en una muleta. Le cortaron la pierna mucho más tarde, un poco antes de que yo lo conociera. Recordaba haberle visto el muñón mal cosido, que parecía un morcón o una sobrasada. Le cosieron el extremo con unos hilos muy distantes y la carne se le había cicatrizado haciendo bultos. Cuando le volvieron a «rebanar» la pierna, esta vez bien, lo estuve visitando en el hospital.

Moisés, que era muy cumplido, decía que admiraba lo que él llamaba mi «caballerosidad», no solo por el detalle de llevarles comida, sino por detenerme a charlar con ellos cuando la mayoría de la gente cruzaba por su lado sin ni siquiera mirarlos. Tampoco le pasaban por alto las atenciones que a veces observaba que yo tenía con Helga, como cuando fue testigo del día que le regalé un ramillete de jazmines que ella se prendió coquetamente en la pamela, o cuando vio cómo le entregaba una caja de vídeos VHS llena de lápices de ojos y una cajita de pastillas de polvos de maquillaje con un pincelito. Aquel día yo había hecho acopio de todas las pinturas que había encontrado por casa, desde las que usaba Alejandro hasta las que alguna amiga había olvidado en el baño. A veces pensaba en lo insólito que debía de resultar ver a una mujer inválida, alcohólica, rodeada por variopintos hombres alcohólicos que ofrecía, no obstante, un aspecto a menudo atildado, envuelta en el halo de la frivolidad que le inferían un poco de maquillaje (yo había observado en numerosas ocasiones cómo se retocaba los labios y los ojos, bajo las arcadas, antes de hacer su entrada en la plaza), unas pamelas, unos fulares o unos vistosos collares, pulseras de plata y anillos con piedras, normalmente turquesas, repartidas por los dedos. Helga lucía varios piercings entre el labio y la barbilla, y decía que también los había tenido en la nariz y en la ceja.

Hasta en su forma de beber mostraba una peculiar idiosincrasia, y a menudo rechazaba beber de los tetrabriks de vino que se pasaban la mayoría de ellos, empuñando unas sempiternas latas de Voll-Damm a veces bastante caldeadas. Conocedor de ese «capricho» suyo, con frecuencia, cuando me acercaba a ellos, compraba previamente en la tienda de Raja una lata bien fría de Voll-Damm para regalársela. Ella solía agradecérmelo con una especie de reverencia y una amplia sonrisa. Y no le daba igual una cerveza que otra. Un día la encontré dándole sorbos desganados a una lata de Estrella. Dijo que era basura y que la Voll-Damm era la mejor cerveza y que la cerveza era muy buena porque mucho pipí. Moisés también ponderó las propiedades de la cerveza diciendo que, además, tenía mucho alimento. Le pidió a Helga que le dejara la lata y empezó a leer la composición, añadiendo que la cebada, el lúpulo o la malta eran muy buenos y, en cambio, el vino blanco Savín o Don Simón eran pura química y veneno.

Helga vivía en un mundo que parecía estar a un nivel distinto del de los demás. Respetada, e incluso admirada por todos, guardaba una especie de aura de mujer guapa, seria, competente, alegre y buena colega. Sus atractivos ojos claros, casi color ceniza, su nariz un poco achatada, un rostro caballuno que se fue suavizando con la edad, una larga melena que antes, cuando andaba y bailaba, solía recoger en una cola, una dentadura perfecta, postiza o no, una piel clara y unas largas piernas la convertían en una mujer atractiva y bien vestida. A pesar de su degradación por la enfermedad y el alcohol, su coquetería la mantenía firme frente al desbarajuste que a menudo la rodeaba. En cambio, la Montse, las jóvenes pinchotas amigas de Omar o las escasas mujeres que, ocasionalmente, hacían de comparsas del grupo presentaban aspectos desastrados cuando no mugrientos. Las borracheras de Helga raras veces eran caóticas, y ella, ahora ya mayor e impedida, simplemente se quedaba dormida con la barbilla hundida en el pecho y la cara tapada con el sombrero. Claro que alguna vez la había sorprendido durmiendo en el suelo a pierna suelta, con la falda remangada mostrando los muslos, pero de esto hacía años, cuando era mucho más joven.

Supuestamente era alemana, y su escaso conocimiento del español hacía que mezclara varios idiomas, con lo que conseguía que cada uno la interpretase a su manera y con frecuencia terminara por no prestarle atención o burlándose de ella. A veces se encandilaba con la música de su viejo transistor plateado, que había perdido la tapa de las pilas, por lo que tenía que estar todo el tiempo sujetándolas con el dedo para que no se cayeran. El aparato era tan viejo y rudimentario que podía estar tranquila y no temer que nadie se lo robara. Eso sí, a menudo lo perdía y no recordaba dónde lo había dejado. Cuando alcanzaba un grado de borrachera «feliz», se pegaba el aparato al oído y movía la mano libre al ritmo de la música, girando la muñeca, haciendo sonar las pulseras y enarbolando los dedos intentando chasquearlos como si exhibiera los roñosos anillos de piedras azules que llevaba desde tiempos inmemoriales. Casi siempre eran los transistores (uno de los bienes más preciados) el motivo de trifulcas entre ellos, acusándose unos a otros de robos, extravíos y cambios que luego olvidaban en los desvaríos y pérdidas de memoria de las borracheras.

Según contaba Mich, desde que se habían conocido en Ámsterdam, Helga como bailarina y él como guitarrista, formaban un tándem que se ganaba la vida por las terrazas de los bares. Habían estado un tiempo en Málaga hasta que decidieron venirse a Barcelona, donde recalaron en la plaza Real. Nunca le pregunté por los intrincados vericuetos que los habían empujado de un lado a otro hasta llegar aquí, ni él, celoso de su vida privada, había querido nunca hablarme de ese tipo de aventuras.

Helga se sentía atraída por la música, y cuando sonaba en directo, la atracción se convertía en un impulso irresistible. Nerviosa, comenzaba a mover los pies, sentada en una silla, para terminar lanzándose decidida a bailotear sola, con otros bailarines o con el grupo que actuaba, aunque su ritmo raramente coincidía con el compás de la música que sonaba.

Un atardecer actuaba en el rincón del Glaciar un grupo de rock capitaneado por un chico moreno de pelo afro. Vi a Helga sentada en una silla, aferrada a su bolso, que movía las piernas, inquieta. Parecía indecisa, pero de pronto metió en una bolsa la botella de agua que tenía en el suelo y se lanzó decidida hacia el grupo; apartó al corro de espectadores que lo rodeaban, se plantó en el centro, arrojó la bolsa al suelo y abrazó al chico invitándolo al principio y casi obligándolo más tarde a que bailara con ella. Llevaba una falda vaquera por las rodillas y una blusa celeste sin mangas, y su figura, sin apenas caderas, era algo escuálida. Sus movimientos eran mecánicos y enérgicos. El cantante abandonó el micrófono y, complaciente, comenzó a bailar con ella hasta que se dio cuenta de que le aferraba la mano con fuerza sin intención de abandonar el baile. La banda también se dio cuenta y paró de tocar. Helga recogió la bolsa y se sentó en el suelo junto al resto de espectadores para seguir contemplándolos. La banda volvió tocar y el chico de pelo afro volvió a cantar desmelenando su penacho de pelo rizado.

BOQUERONES EN VINAGRE

Complacer los pequeños antojos de cualquiera de ellos, para mí, no solo no suponía problema alguno, sino que, como solía ocurrirme con los pequeños caprichos de algún amante, mi satisfacción al verlos felices solo era equiparable al placer que siente un abuelo al ver a sus nietos satisfechos con alguna chuchería. Cuando me presentaba con unas tarrinas de macedonia para turistas que había comprado en el mercado de la Boquería por un euro, me sorprendía verlos tan entusiasmados como si fuera uno de los elaborados menús que a veces les preparaba. O no daba crédito al descubrir que algo para mí tan simple como un tomate abierto por la mitad y una rodaja de cebolla aliñados con aceite, vinagre y sal o unos huevos duros con sal y pimienta eran bocados exquisitos para ellos.

Moisés comentó un día que hacía siglos que no comía boquerones en vinagre, casi desde que los comía de joven en el bar que tenía un tío suyo en Poblenou. Complaciente con aquel pequeño deseo, y una vez elegidos en el mercado, fue fácil prepararlos porque tanto a mí como a Alejandro nos gustaban mucho. Una condición imprescindible era que estuvieran bien frescos y macerarlos el día antes de consumirlos.

El mayor problema que tenía con las comidas llegaba a la hora del reparto. Era frecuente que bajara con la comida preparada y no encontrara a nadie o me fuera difícil localizar a alguno de ellos. De pronto había habido una especie de dispersión, unas veces por causas naturales y, a menudo, por alguna pelea, una discusión o, simplemente, porque estaban hartos y querían estar solos cada uno por su lado. En el rincón del Sidecar estaba Mich, completamente dormido, con la cabeza apoyada en la piedra de la arcada y la cara semioculta por el sombrero, con ese sueño de borrachera parecido al sueño que a mí me entra después de comer. En alguna ocasión en que había comparado sus borracheras con las de los demás, exclamó indignado y como ofendido: «¿Pero tú me has visto a mí borracho alguna vez?». Sin querer despertarlo le dejé en el regazo,

31

envueltas en papel albal y dentro de una bolsa, las sardinas que había frito para él.

Ni rastro de los demás. Estuve buscando a Moisés con el táper de boquerones aliñados. Ni en la plaza del Tripi, donde se reunía a veces con unos amigos, ni por el Cosmos, ni por ninguno de los sitios de los alrededores por donde pensaba que podría hallarlo. Cansado de dar vueltas me volví a casa frustrado y metí en la nevera aquel regalo que había preparado con tanto mimo.

Al día siguiente bajé y le entregué los boquerones a Moisés como si acabara de hacerlos. La búsqueda de la tarde anterior había dejado de existir para ambos. Llevaba un par de palillos de dientes para que pudiera pincharlos. Mientras comía me iba contando que estaba extrañado porque Omar no aparecía desde la noche anterior, cuando lo había visto con una joven pinchota a la que estaba intentando convencer para que dejara la droga. Opinaba que a Omar le gustaba mucho la chica, pero que no creía que fuera fácil que se desenganchara porque, además de tomar unas pastillas que le daban, él creía que continuaba metiéndose caballo cada vez que podía.

Irrumpió Helga en medio del grupo, muy excitada, contando (la palabra «contar» no es la más indicada para referirme a lo que ella hacía cuando hablaba, puesto que era algo confusa para el interlocutor que no estuviera acostumbrado a interpretarla) que alguien había pretendido robarle el bolso mientras le pedía fuego y que, además, creímos entender, ese mismo alguien la había amenazado con un espray. Moisés y yo nos miramos perplejos sin saber muy bien qué era lo que pretendía contarnos y qué era en realidad lo que podía haberle ocurrido. Cuando Mich apareció, ignoró a Helga, desaforada ante nuestras miradas sorprendidas, y dirigiéndose a mí me increpó por haberle dejado las sardinas en el regazo cuando estaba dormido. Me advirtió enfadado que la próxima vez que le trajera algo y lo encontrase dormido era mejor que lo despertase y se lo diera porque podían robárselo. Luego, olvidándose de la pobre Helga y sus problemas, ninguneándola como siempre, comenzaron a preocuparse por elucubrar sobre el paradero de Omar y su amiga.

ESTAR A LA MUERTE

Era frecuente que Moisés se sintiera enfermo, lo ingresaran en el hospital y le dieran el alta al cabo de unos días. Su problema era la barriga, y un día me confesó que le dolía mucho y que no tenía ganas de comer. Me ofrecí a llevarlo al médico del ambulatorio, pero decía que prefería ir al hospital y que solo le apetecía beber agua. Cuando volvía de la tienda de los pakistanís adonde me había acercado a comprarle un botellín de agua, me sorprendí al ver que estaba tomando una copa de vino tinto que posiblemente le había dado alguien del bar.

Por la tarde, al preguntarle a Helga por él, creí entender «hospital», junto con otras palabras inconexas propias de su lenguaje enrevesado, casi afásico. Rato después, al encontrar a Mich junto al Sidecar, le pregunté a él y, sin prestar atención a mi pregunta, me mostró los brazos y me dijo que él también había estado allí. Aún conservaba el brazalete del hospital y un par de esparadrapos de las sondas. Decía que había estado a la muerte (le encantaba alardear de haber estado «a la muerte» cada vez que volvía del hospital) y que, por esta vez, se había salvado. Omar, sentado en el suelo a su lado ya un poco borracho, pero aún en un grado en el que, no solo podía hilar una conversación, sino competir para ser escuchado, comenzó a contarme toda la aventura sin dejar intervenir a Mich, que le lanzaba unas miradas reprobatorias por impedir que fuera él, auténtico protagonista de la historia, quien la contara.

Pero Omar quería convertir su actuación, que le había salvado la vida, en algo más importante que la vida misma de su amigo. Decía que al verlo tan amarillo y sin parar de vomitar pensó que se moría y corrió al locutorio para que le dieran el teléfono de urgencias y llamar a una ambulancia. Los del locutorio lo habían engañado dándole un número falso y le habían hecho perder un tiempo muy importante porque, cuando volvió, pensaba que Mich no duraría mucho. Luego había ido corriendo al ambulatorio, donde dijo que tendría que haber ido desde el principio, y volvió con dos enfermeros con aparatos de emergencia mientras llegaba la ambulancia que ellos ya habían avisado. El relato de Omar era atropellado y no dejaba un resquicio para que Mich pudiera meter baza. Una vez que hubo exprimido casi por completo la historia, le cedió el turno a Mich, que estaba deseando intervenir.

Mich no lo rebatió. Lo que Omar había contado no tenía ninguna importancia en comparación con los hechos que solo él podía describir. Comenzó diciendo que no sabía lo que le había ocurrido, pero que lo habían tenido dos o tres días allí encerrado alimentándolo con los líquidos que salían de unas bolsas y le metían en las venas por unos tubos. Tenía un hambre terrible y enormes ganas de fumar y beber. Se había cansado y hartado de estar tanto tiempo ingresado allí sin poder hacer nada, así que se había quitado los tubos de un manotazo, y aunque le había salido mucha sangre, lo curaron como pudieron y dejaron que se marchara ante la amenaza de que se escaparía en cuanto tuviese oportunidad. Mich terminó así su narración de la historia sin contar un final que, posiblemente, no debió de ser de su agrado, suponiendo que todo lo que había contado hubiera sido verdad.

Yo estaba cansado de oír todos esos relatos atropellados y me había sentado en el suelo frente a Omar. Deduje que la historia del hospital se había agotado y les mostré la bolsa con las sardinas que acababa de comprar para llevar la conversación a terrenos más halagüeños. Mich se emocionó mirándolas entusiasmado; me preguntó cuánto me habían costado y me pidió que si podía freírle algunas. Poco más tarde yo estaba allí con las sardinas recién fritas para satisfacer los deseos del convaleciente. Mich se deshizo en «gracias hermano», «papi eres único», «eres lo mejor que hay en la plaza» y en todo su amplio catálogo de lisonjas y adulaciones que, indefectiblemente, culminaban en abrazos y achuchones.

En aquel mundillo, que alguien dijera que a Moisés no solo lo habían ingresado en estado muy grave, sino que era posible que no volviera más por la plaza, era algo de dudosa credibilidad. Y, efectivamente, a la mañana siguiente, cuando volvía de la estación de Sants, adonde había ido a comprar pulpo, dulces y pan en la tienda de Galicia, vi a Moisés por allí aparcado con un aspecto inmejorable. No obstante, contaba que el médico había sido muy clarito: el vino era un veneno para su estómago y, si seguía bebiendo, no tardaría nada en volver al hospital o en palmarla. Y él le había contestado que no le era fácil dejarlo porque vivía en la calle con unos amigos que se pasaban todo el día bebiendo y que sabía que, tarde o temprano, terminaría volviendo a beber. Yo le aconsejé, por mero formalismo, que bebiera poco, aunque sabía que iba a continuar bebiendo «lo normal», como yo mismo le había dicho un día al médico cuando me preguntó qué cantidad de alcohol bebía a diario. Y cuando aquel médico quiso saber qué cantidad era la que yo consideraba normal, le había contestado que bebía unos tres o cuatro litros de cerveza por la mañana y unos cinco o seis gintónics por la tarde. El médico me comentó asombrado que, si pensaba que aquella cantidad de alcohol ingerido era «la normal», cuál debía de creer que era el plan de bebida de un alcohólico. Claro que yo no iba a contarle a Moisés que, durante varios años, estuve bebiéndome una botella de Ballantine's diaria.

TATUAJES

Moisés estaba apostado junto al arco de entrada de la plaza con un vasito de plástico blanco que contenía unas monedas colocado en el suelo, ante él. Cuando me acerqué a saludarlo comenzó a lamentarse de que llevaba mucho tiempo allí a ver si le echaban algo y apenas había conseguido un euro en monedas. Como, además, decía que no había comido nada, no tuve más remedio que hurgarme el bolsillo, de donde salieron casi cinco euros en monedas que le di para que se comprara algo. En el suelo, al lado de las ruedas del carrito, había un tetrabrik de Savín. Moisés dijo que Omar estaba con él y que se había ido hacía ya un rato y aún no había vuelto. El aspecto que ofrecía era lastimoso. Su rostro se había ido afilando, la escasez de muelas le hundía las mejillas y sus ojos parecían salírsele de las órbitas.

Dijo que la medicación que le daban ahora era muy fuerte. Hizo grandes esfuerzos para guardar en el bolsillo de la chaqueta el dinero que le había dado y comenzó a refunfuñar sacando a relucir uno de sus temas de conversación favoritos: sus desavenencias con Mich. Un solapado rencor fue aflorando y comenzó a esbozar un retrato de Mich como un tipo indeseable, interesado y despreciable, del que no podía uno fiarse ni un pelo, que intentaba convertirse en el jefe del grupo y pretendía controlarlos a todos y, encima, los criticaba por pedir limosna cuando él era el primero que pedía en cuanto tenía ocasión, e incluso había intentado robar, en un descuido, las monedas de los vasitos de la gente que pedía.

Hubiera seguido dando pinceladas a aquel siniestro retrato de no pasar por allí, en aquel momento, mi amiga Adriana. Moisés quedó deslumbrado al verla tan joven y tan guapa, envuelta en gasas y transparencias como a ella le gustaba vestirse, saludándome como lo hacía siempre: con gran profusión de abrazos y besos en los labios. Estaba enfadada porque su perra se le había cagado en la casa precisamente en el día de su cumpleaños, en que le había regalado una canguro para llevarla a la piscina con dos amigas: una galga y una fox terrier. Posiblemente Moisés no entendiera nada porque todo aquello le debía de resultar, como a mí, que los animales de compañía nunca me habían atraído, algo totalmente insólito. Ya se marchaba cuando se volvió al acordarse de que quería tatuarse en el tobillo una perra y dos gatitos, y deseaba que le hiciera los dibujos. Moisés, desplazado de la conversación hasta ese momento, halló en el tema tatuajes su oportunidad de intervención, advirtiéndole que los tatuajes solían ser caros al tiempo que mostraba su brazo diciendo que el día anterior le habían hecho uno. Le ayudé a remangarse la camiseta negra que se lo ocultaba y apareció un tatuaje azul muy elaborado. Entre escandalizado y orgulloso, remarcó que le había costado doscientos pavos a pesar de que le habían hecho un precio de colega. Ambos elogiamos el trabajo y, cuando Adriana se marchó, Moisés se deshizo en elogios sobre aquella amiga tan joven y tan guapa que tenía.

UN DÍA CUALQUIERA

Me había levantado temprano y, como de costumbre, con el vaso de café con leche en la mano, me asomé a la ventana para echar un vistazo a la plaza. No había ninguna novedad apreciable, ningún rodaje de película, ningún fotógrafo retratando a parejas de orientales recién casados ni ningún nuevo inquilino. Como no era ni sábado ni domingo, en los alrededores de la fuente tampoco había grupos de jóvenes noctámbulos apalancados bebiendo y gritando, vendedores de latas, colgados o alguna que otra pelea. Nada había cambiado desde el día anterior e incluso la figura de Mich leyendo una de sus pequeñas novelas de Estefanía, sentado junto a una silla en el rincón del bar Glaciar, daba la impresión de haber pasado allí toda la noche, inamovible como una estatua al lector. Puede que hubiera salido temprano de Vincles o que hubiera dormido en la puerta del Glaciar, pero era evidente que esperaba la llegada de alguien que tuviera tabaco, vino o hubiese conseguido algo de dinero para comprarlo, y, sobre todo, alguien con quien poder charlar.

Los madrugadores paseantes de perros ya los habían acompañado a sus caprichosas *tualets* cuando comenzaron a llegar los limpiadores de la fuente mientras se retiraba el hombre ecuatoriano que recogía las latas de cerveza consumidas desde la salida de las discotecas de la plaza. Una concienzuda labor la de este hombre, que consistía en ir recogiéndolas por toda la plaza (incluso las que estaban en las bolsas de basura o las que podía pescar en la fuente) y

38

almacenándolas en bolsas de basura de las que luego las iría sacando para aplastarlas con fuerza a pisotones. Después las volvía a amontonar en enormes bolsas que cerraba herméticamente, las apilaba en una bicicleta y se las llevaba en un insólito reciclaje. Un día le regalé las pesadas botas de jardinero de Alejandro para facilitarle la labor. Otro día desapareció, posiblemente expulsado por la Guardia Urbana por carecer de permiso del Ayuntamiento para realizar aquel tipo de trabajo. Los niños comenzaban a atravesar la plaza camino del colegio acompañados de sus madres y, con la llegada del primer grupo de turistas japoneses que van directos a una de las dos farolas de Gaudí para venerarla, quedaba inaugurada la plaza y ya podía retirarme de la ventana una vez levantada acta de que todo seguía igual a como lo había dejado el día anterior.

Era casi medio día cuando, después de pasar unas horas escribiendo, decidí bajar al mercado. Me encontré con Mich y Omar. Omar me mostró orgulloso una trencita rala que colgaba de su gorrilla. Decía que hubo un tiempo en que tenía mucho pelo y muy largo, pero un día usó un champú muy malo y se le comenzó a caer a puñados. Cuando se levantaba estaba la cama llena de pelos y al cabo de unos días apenas si le quedaba alguno. La verdad es que solo le clareaba la parte delantera de la cabeza, como unas interminables entradas que se habían detenido antes de llegar a la coronilla. Mich añadió, como en un murmullo, que eso había ocurrido en Lérida, donde se habían conocido. Yo me quedé sorprendido e intrigado cuando escuché que Mich le preguntaba a Omar confidencialmente, como en un aparte, si podía contar lo de Lérida. No podía sospechar cuál podría ser la razón para que usaran tal secretismo conmigo. La confesión era cruda y bastante personal, pensé cuando escuché a Mich revelar algo que, para mis oídos, era aún un secreto: se habían conocido en la cárcel de Lérida. Luego especificó que él había estado ocho años y Omar, veinte. Enseguida pasaron a otro tema de conversación, sobrevolando el tema de la cárcel. Más tarde reflexionaría acerca de los escasos datos que, tanto ellos como yo, habíamos intercambiado sobre nuestras vidas privadas. No habíamos necesitado establecer ningún pacto para ocultarnos nuestros pasados. Era como si nuestras vidas hubieran comenzado en el momento de conocernos.

LAS DROGAS

Había invitado a comer a unos amigos y les preparé uno de los platos que mejor me salían, además de los callos o las migas: el osobuco (¡por supuesto con Simone Ortega al lado!). Al día siguiente solía hacer un arroz con el caldo sobrante. Esa vez había comprado más carne y la había desmenuzado con el arroz. Llené los tápers y bajé a entregárselos junto con varios cigarrillos. Ya hacía años que, tras unos esfuerzos enormes por lograr desengancharme, había dejado de fumar y, de pronto, me sorprendí al verme en el estanco comprando tabaco de nuevo. Todos lampaban por un cigarrillo y, de vez en cuando, les compraba un paquete que les iba dosificando repartiéndoselos junto con las comidas.

Casi choqué con Omar, que andaba torpe rebuscando una colilla en el cenicero de la entrada del Hotel Roma, me coloqué a su lado para sorprenderlo y le alargué un cigarrillo. Justo cuando ambos llegábamos al rincón del Sidecar, me acordé de que no había cogido cucharillas. Omar pidió una en un bar mientras yo ocupaba su sitio. Mich cogió el táper y se lo llevó a la boca para sorber el caldo. Cuando vino Omar con la cuchara, Mich comenzó a regañarle por haber traído solo una. Omar protestó diciendo que ya estaba harto, que siempre se enfadaba por todo, que en el bar le habían dado solo una cucharilla y que se la daría cuando él terminase de comer. Moisés rechazó la comida diciendo que no tenía hambre, pero pidiéndome que le guardara el táper en la mochila.

Helga y Omar enseguida dieron buena cuenta del arroz y le pasaron la cuchara a Mich, que había estado refunfuñando impaciente todo el rato. La tertulia de sobremesa fue amenizada por un recuento de enfermedades de unos y otros. Enfermedades del estómago, molestias, operaciones, manchas que uno decía tener en el hígado, metros de tripas de Moisés tiradas a la basura y anemias. Omar decía que se había roto el dedo gordo del pie y no recordaba cómo había ocurrido. Mich comentó con una risita burlona que con lo borracho que estaba siempre, si se hubiera roto la cabeza tampoco se acordaría.

El tema enfermedades, aunque daba para mucho, se agotó pronto y dio paso, no al interesantísimo e inagotable tema de los robos, sino a otro tema recurrente como era el de los transistores. Mich comenzó a contar las aventuras que le habían ocurrido con un tal Paco que, de pronto, le vinieron a la memoria. El tal Paco era un amigo que había muerto hacía ya un tiempo. Todos se acordaban de él, y Mich comenzó a contar el día en que a Paco se le ocurrió abrir la caja de luz de una farola y, tras hacer un enlace con un cable, trajo un televisor de su casa y lo colocó sobre una silla. El televisor estuvo funcionando y pudieron ver algunas películas hasta que llegó la Guardia Urbana y descubrió la conexión. Preguntaron quién había sido el autor de la toma de luz y Paco se declaró culpable. Se los llevaron a los dos: a Paco y el televisor. Paco dijo que le habían puesto una multa de veinte mil pesetas. Todos hablaron de las excelencias de esos aparatos que ahora mucha gente tenía, en los que se podía ver la televisión y hacer fotos y hablar por teléfono sin tener que enchufarlos en ningún sitio.

Mich siguió contando como Paco le había dado un «trabajillo» en su casa, hasta que un día comenzó a descubrir papelinas de heroína vacías tiradas por el suelo. Cada día había más, y se dio cuenta de que Paco la fumaba en cigarrillos. Mich le dijo que no le gustaba aquello y que no quería seguir con el asunto que los dos se traían entre manos. Había tenido muy mala experiencia con la heroína porque, cuando vivía con su familia en Holanda y era «yunky», su hermano pequeño descubrió la droga y murió de «overdosis». El padre le echó la culpa de la muerte del hermano y tuvo que marcharse. Aunque Mich no especificó en qué consistía aquel «trabajillo» que el tal Paco y él se traían entre manos, supuse que debía de tener algo que ver con algún trapicheo con la droga y la venta de hachís.

Moisés también sabía de drogas y decía que una rayita le sentaba bien, pero dos lo ponían fatal. En la intimidad, un día confesaría que estuvo ingresado en un lugar de Valencia para rehabilitación de drogadictos porque estaba muy mal por la mescalina y otras drogas que mezclaba. Siempre sostuvo que lo suyo era el alcohol y estaba harto de decírselo a los médicos: él era alcohólico y no pensaba dejar la bebida.

OTOÑO

Omar había acompañado a Helga al ambulatorio, y al volver se acordó de que no le habían mirado el dedo del pie que creía tener roto. Cuando intenté convencerlo de que podía acompañarlo a Pere Camps para que se lo miraran, tras remolonear un poco decidió que podría estar bien ir al médico conmigo. Pensé que tenerme a su disposición en exclusiva durante un tiempo podría compensar el miedo que tal vez le produjese que lo vieran. Le dieron cita con su médico de cabecera y la enfermera de urgencias. Le pusieron un vendaje para conseguir la inmovilidad del dedo y así contribuir a la soldadura del hueso que creían que se había roto. Posiblemente Omar sintiera pánico al recordar el caso de Mich, que había comenzado por un problema con los dedos del pie y habían terminado cortándole la pierna. Sugirió que podría ir a ducharse a Arrels antes de que lo visitaran, pero yo, sospechando que se trataba de una estratagema para zafarse del médico, le dije que ya iría más tarde.

Aquel día, aprovechando que estábamos los dos solos y no se sentía coartado por la prepotencia despótica de Mich, Omar dio rienda suelta al relato de una serie de aventuras y penalidades que había sufrido a lo largo de su vida. No paró de hablarme repetida y cansinamente, con ese lenguaje que a él le gustaba emplear cuando no tenía miedo de que lo interrumpieran, poniendo énfasis en casi todas las palabras que usaba y añadiendo florituras sin piedad. Se lamentaba de los errores que había cometido a lo largo de toda su vida y, sobre todo, de alguno que había estado a punto de cometer hacía poco. Alguien lo había provocado y él había tenido que contenerse para no volver a cometer los mismos errores que lo habían llevado a entrar tantas veces en la cárcel y perder la libertad, que era lo más bonito que había en la vida. Sí, había estado veinte años en la cárcel, por etapas y en distintos lugares, me confesó como en un arrebato de confidencialidad. Había

43

estado en Carabanchel, en La Modelo o en Brians 1 y 2. En una ocasión lo salvaron de morir las mismas personas a las que había intentado robar. No se cansaba de repetir que nunca más volvería «allá dentro», que ya estaba harto de cometer tantos errores y que prefería morir a que lo encerrasen de nuevo.

Yo procuraba escucharlo, que era lo que él quería, mantenerme al margen, como solía hacer con Mich, con Moisés o con algunos amigos pesados, y no expresar mis propios criterios. Allí estábamos, sentados en la sala de espera como si estuviéramos en una cafetería o en la barra de un bar, y Omar continuaba con sus relatos sin cortapisas. Se remontó hasta las palizas que le daba el profesor en la escuela: le golpeaba con una vara las plantas de los pies o las puntas de los dedos de las manos, la espalda o el culo hasta que el padre, que también lo golpeaba, decidió que no pisaría más el colegio porque nadie más que él tenía derecho a pegarle a su hijo. No había aprendido a leer ni a escribir y se había dedicado toda la infancia a corretear por el campo y subirse a los árboles a buscar nidos, solo o con algún amigo tan golfo como él. ¡Hasta los hermanos le daban tirones de las orejas!

A veces Omar se refería a los compañeros de la plaza (nunca los llamaba colegas, como Moisés) como a «esos chicos con los que estoy», a los que había pensado abandonar en numerosas ocasiones, pero sentía que nunca podría hacerlo porque le daba pena dejarlos solos, cada uno en sus carritos, sin poder valerse o haciéndolo con dificultades. Contaba que un día «una señorita» le había regalado un billete de autobús para que cogiera uno de vez en cuando y fuera hasta la última parada y volviera a la plaza andando y así conocería la ciudad y no estaría todo el tiempo allí en la plaza bebiendo, encerrado como en una cárcel. Nunca lo había hecho y su Barcelona se reducía a la zona comprendida entre el Raval y la plaza Real, entre Vincles y la calle del Carmen. Yo ni siquiera quise interrumpirlo diciéndole que mi Barcelona no era mucho mayor que la suya.

Tras la cura del dedo, la médica le dio los resultados de una analítica que le habían hecho hacía tiempo y que nunca había ido a recoger. Omar quedó decepcionado porque no le habían hecho las pruebas del sida o la tuberculosis, que era lo que a él más le preocupaba. A lo del azúcar, el colesterol y demás resultados no le daba ninguna importancia. Como no tenía tarjeta sanitaria, la médica le dijo que tenía que empadronarse si quería que lo visitara otra vez.

EL TORERO Y EL PERRO TORO

Un lento e inexorable declive los va arrastrando, los desgasta, los envejece con cada nuevo ingreso y salida de los hospitales y con sus problemas cotidianos de conseguir bebida, tabaco, comida y un lugar donde dormir. ¡Y, encima, los inviernos! En los días de frío intentarán calentarse al sol: en la esquina opuesta al asador de Los Caracoles, en las proximidades de alguna de las estufas que colocan en las terrazas del Glaciar (el único bar donde los camareros les permiten acercarse un poco) o, incluso, junto al escaparate de souvenirs de la tienda Reial, la de los indios, que como está siempre encendido, dicen que despide algo de calor. De todas formas, a pesar de estar todos medio desahuciados, son gente curtida y tienen agallas y resistencia.

Era mediodía, hacía sol y las terrazas estaban llenas de clientes. Cristiano, el francés del perro negro, se había acercado al grupo reunido junto al Glaciar y le había entregado a Helga el perro atado con una cuerda roja. Desde la ventana vi cómo el francés se alejaba contoneándose, intentando imitar los andares toreros, parándose ante la terraza del Les Quinze Nits, a unos cincuenta metros, y, enarbolando un trapo marrón que simulaba ser una muleta mientras gritaba con todas sus fuerzas: «¡Eh, Toro!», la señal para que Helga soltara al animal, que acudió veloz en busca de su dueño, esperándolo arrodillado para simular que daba un pase a portagayola. El perro se lanzó como una flecha hacia Cristiano dando un salto sobre la muleta mientras el francés lo esquivaba con un quiebro e incorporándose, ágil, esperaba de espaldas a que el perro se diera la vuelta. Repitió varios pases hasta que cogió al perro en brazos y, tras darle unos besos y hacerle unas carantoñas que incluían agarrarle una pata para que saludara a un público un tanto perplejo ante el espectáculo entre «typical Spanish» y surrealista que acababan de presenciar, pasó su simulacro de montera ante las mesas.

Su presencia y la de su perro negro estaban archivadas en mi historial fotográfico desde los tiempos en que Helga aún se movía con unos estrechos leotardos negros estampados con manchas blancas. No hacía mucho tiempo que me había enterado de que aquel hombre era francés, que lo llamaban Cristiano y que al perro lo llamaban Toro y era un labrador negro no muy grande. Un día que estaban todos reunidos y se me ocurrió preguntarle a Cristiano por el nombre del perro, el francés me lanzó una mirada, entre sorprendida e incrédula, al tiempo que me decía como un reproche por mi ignorancia: «¡Cómo se va a llamar!: ¡Toro!».

El francés, menudo, de rostro cetrino y aspecto gris, con su ristra de collares de semillas y piedras al cuello, se adosaría al grupo, aunque sin integrarse. No era alcohólico, aunque a veces le daba un trago al tetrabrik. Los demás le guardaban el perro y la maleta mientras él se ausentaba, porque siempre andaba con una maleta a cuestas, o la ataba al cuello del perro y lo hacía tirar de ella por el suelo, mostrándolo ante los turistas de las terrazas como un espectáculo. No tardó el avispado buscavidas en darse cuenta de que aquel espectáculo, utilizando al animal de aquella manera, no resultaba agradable por más que, posteriormente, lo soltara, lo abrazara y lo besara. No le cupo duda de que, a ojos de los animalistas, era un poco vejatorio para el pobre perro.

El perro negro era dócil y tranquilo y todos lo acariciaban. Yo pensaba que si la idea de enseñar al perro a embestir contra una muleta, haciendo como que lo toreaba, la hubiera traído ya estudiada antes de llegar a la plaza, podría haber comenzado a organizar el espectáculo desde los primeros días, pero no, la idea debió de ir fraguándola allí mismo, comenzó a ponerla en práctica y fue perfeccionándola con cada nueva actuación. Su vestuario era pobre y convencional: pantalones y chaquetas más bien cortas, como si no fueran de su talla o hubieran encogido, y un gorrito de fieltro que conseguía aplastar y deformar para que pareciera una montera. Usaba como muleta una tela oscura de un tono marrón rojizo que religaba como podía alrededor de una especie de bastón que usaba como estoque cuando entraba a matar (porque en el espectáculo incluía la suerte de matar al perro, que quedaba inmóvil ante él, de pie o sentado, mientras blandía el bastón).

El hombre debía de ser del sur de Francia y de aficiones taurinas, y tenía cierta soltura en los pases de pecho, las revueltas, los molinetes y los desplantes. El perro arrancaba la muleta como un toro bravo, inexplicablemente, la embestía, daba saltos, brincos y cabriolas frente a ella. Y es que el muy ladino de Cristiano había ideado un gran truco: ¡tenía una salchicha semioculta entre los dedos que esgrimían la muleta! Este gabacho, además de saber de toreo, conocía algunos refranes, como ese que dice: «Por dinero baila el perro» (¡y por salchicha, si se la dan!). Dicen que el arte del toreo es el arte del engaño, el arte de mostrar el capote ante el toro sin que lo ciegue ni lo pierda de vista. Aquí Cristiano tenía que desplegar un doble arte: mostrar la salchicha, pasársela ante el hocico una y otra vez sin que el perro llegara a arrebatársela, y escamoteársela al público a fin de que el truco, durante la actuación, no se hiciera demasiado evidente, lo que hubiera resultado catastrófico. De hecho, yo, en los cientos de fotografías que le había hecho toreando, no me había llegado a dar cuenta de nada, pero, cuando una vez oí a alguien comentando que aquel día no podía torear porque faltaba la salchicha, que no tenía salchicha, que el perro se había comido la salchicha y que no tenía dinero para comprar otra, al llegar a casa amplié algunas fotos y descubrí la salchicha sujeta entre los dedos del burlador. Quedaría por averiguar si el sagaz gabacho sometía previamente al perro a una dieta que lo hiciera embravecer de hambre.

VÍCTIMAS DE UNOS EJERCICIOS ESPIRITUALES
PARA ALCOHÓLICOS EMPEDERNIDOS

Alguien debía de estar haciendo un trabajo de «ejercicios espirituales para alcohólicos» o una campaña solapada de «alcohólicos anónimos» cuyos efectos estaban resultando devastadores en las mentes achacosas tanto de Omar como de Mich, con las consecuencias regeneradoras y depurativas de que se plantearan dejar de beber. Conociéndolos, una mente maliciosa podría sospechar que ambos, en el fondo, lo que pretendían era hacer méritos ante los directores espirituales, dueños y señores de residencias, pisos y otras ansiadas prebendas, para así conseguir algún beneficio del aparente intento de desintoxicación. Pero no, sin malicia alguna, podría ser quizás que algún «jefe» de Arrels les hubiera sugerido esta salida como única solución para frenar la progresiva degradación física que sufrían. De todas formas, Omar ya llevaba un tiempo diciendo que le gustaría que lo ingresaran en un centro para dejar el alcohol.

Omar estaba posiblemente asustado porque se había caído varias veces y siempre se daba golpes en la cabeza. Y es que cuando se caía inconsciente por la borrachera, se desplomaba, y era fácil que se golpeara la cabeza contra el suelo o la pared. Yo había sido testigo en varias ocasiones de estos desplomes de Omar. En una ocasión en que me había asomado a la ventana (no hace falta repetir que yo era un fisgón empedernido y casi enfermizo de ventanas indiscretas), me alarmé al verlo tendido en el suelo como una marioneta rota. No como un borracho que se ha quedado dormido al sol, sino como alguien que ha sufrido un ataque y ha caído al suelo fulminado. A su lado, el tetrabrik semienvuelto en la bolsa de plástico se había volcado y dejado en el suelo un pequeño charco de vino. Algunos grupos de turistas lo observaban desde lejos, sin acercarse demasiado. No tardarían en aparecer unos guardias con las motos que se agacharon para hablarle mientras Omar intentaba incorporarse con gran esfuerzo. Perdió el equilibrio, volvió a caer y se quedó allí, impotente, semiincorporado, sin lograr ponerse en pie. No debía de sentirse bien, no solo por la borrachera, sino por la debilidad. Fueron apareciendo varios coches de policías aburridos, hasta que llegaron a reunirse hasta diez o doce guardias a su alrededor. Debían de esperar a la ambulancia para que lo asistieran y se lo llevaran. Mich, Helga y Moisés estarían observándolo todo, viendo lo irremediable, como yo desde mi ventana, pero sin máquina fotográfica.

Por aquellos días, Mich me había comentado lo mismo: le gustaría ingresar dos o tres meses en una residencia de alcohólicos y dejar de beber, porque esto, decía señalando el tetrabrik que asomaba de la bolsa de plástico, me está matando y el médico dice que es pura química. No obstante, ahora Mich estaba ilusionado porque le habían dicho que una vez que le hubieran hecho las pruebas para ponerle una prótesis en la pierna, en poco tiempo podría andar.

EL FAMOSO DIBUJANTE DE INCÓGNITO

Casi oscurecía cuando bajé con unos tápers de albóndigas con patatas y me encontré con que habían desaparecido todos. La plaza estaba sombría, esperando a que de un momento a otro se encendieran las farolas. Di una vuelta a ver si los veía en los sitios por donde se movían habitualmente y, al pasar junto a la fuente, descubrí la figura de Mich, que estaba solo, adosado al pretil, con la cabeza gacha cubierta con una gorra negra. Cogió la bolsa con el táper que le entregué y, levantando la vista con aire abatido y una voz desganada, me dijo que Omar había llevado a Helga a Vincles y que cuando volviera lo llevaría a él a dormir a las Chimeneas. No parecía tener ganas de hablar, pero, de pronto, como si cayera en algo que acababa de recordar y empleando un tono de reproche que pre-

50

tendía esconder cierta admiración, me dijo que se había enterado de que yo era un dibujante famoso. Yo no supe qué decirle y, como una salida, se me ocurrió preguntarle cómo lo había sabido. Mich me dio una respuesta ambigua diciendo que «alguien» se lo había dicho, que «uno» se lo había contado, pero que daba igual, ahora ya lo sabía. Luego continuó hablándome con la voz lúgubre y apagada, quejándose de que tenía frío y se sentía enfermo.

Bajando aún más la voz para dar a sus palabras un tono misterioso y confidencial, lo que me obligó a acercar el oído a su cabeza, y tras asegurarme que aquello solo me lo contaba a mí, me reveló que, desde hacía unos días, cagaba sangre, pero no estaba dispuesto a volver al médico para que le mandaran hacerse unos análisis. Él sabía que su sangre era de un grupo raro y por eso siempre le sacaban cuatro o cinco tubos para luego venderla. Este recelo mezquino e interesado rompía un poco la seriedad y el dramatismo que pretendía comunicarme con sus palabras. Sabía que de nada serviría que me comprometiera a acompañarlo al hospital al día siguiente para pedirle al médico que le explicara por qué necesitaba toda aquella sangre que tenía que sacarle para los análisis. Conociendo la cabezonería de Mich y sabiendo como sabía que en aquellos momentos de depresión de nada servían los razonamientos, opté por callar y continuar prestándole atención. Cuando me dijo que lo que querría era morir porque ya estaba harto y se sentía cansado de todo, no supe qué contestarle. La llegada de Omar, cabizbajo y silencioso, fue oportuna. Ninguno de los dos dijo nada: Omar, taciturno, con aspecto algo cansado y cumpliendo con el deber que se había impuesto, tomó el manillar del carrito y ambos se marcharon lentamente hacia las Ramblas camino del albergue de las Chimeneas.

Al día siguiente por la mañana volverían a estar todos reunidos al sol, de nuevo alrededor de la silla ocupada por Omar, que, un día más, les escanciaría el vino del tetrabrik en los pequeños vasitos de plástico blanco. La vida seguía implacable.

Mich se había decidido a ir al médico, que le había mandado unas pastillas, le había dicho que no probara el alcohol y le había dado cita para el mes siguiente. Y no bebía, decía, pero mantenía el vasito de plástico colgado del manillar del carrito. A Mich no se le escapaba un detalle y, sorprendiendo la mirada que, casi imperceptible, yo había dirigido al vasito de plástico, se apresuró a aclarar que pertenecía a Omar. Posiblemente me mentía, considerándome juez o temiendo perder mis favores, como debía de hacer con algunos jefes de Arrels. A renglón seguido comenzó a hablarme de Luis, un voluntario, que era el que le había contado que yo era un famoso dibujante.

LAS CONFIDENCIAS DE UN ENFERMO DESESPERADO

Al capricho de Mich de querer las sardinas con cabeza, ahora se había unido el de Moisés de quererlas sin raspa. Y no es que me lo exigieran, no, me lo pedían con zalamerías y por favor, si no te importa, si no es molestia, y yo, claro, no es ninguna molestia, ¡qué va!, ¡con cabezas para uno y sin raspas para otro!, ¡okey! ¿Desean algo más los señores? Y nos reíamos los tres. Como ocurría a veces, cuando bajé con las sardinas, me encontré con que no aparecía nadie por ningún sitio, y quedaron las sardinas, unas con cabeza, otras sin ella y otras sin raspa, huérfanas de boca y, además, enfriándose. Me acerqué a Vincles y aún no había nadie en la puerta; ni en la plaza del Tripi, ni en la placita del ambulatorio, ni en el Cosmos. Al pasar por la puerta del banco de Sabadell vi sentados en el umbral a un joven rubio con ojos azules y barbas junto a otro al que conocía de verlo algunas veces con ellos. Les di las sardinas y se asombraron al sentir que estaban calientes. Cuando volví a pasar por la plaza me sorprendí al encontrarme con Helga en la entrada, y me indicó por señas que Moisés andaba por allí cerca. Habían ido a hacer pipí, dijo. Hacer pipí para un hombre en silla de ruedas es algo complicado, pero si encima quien va en la silla es una mujer las dificultades se acrecientan. Helga procuraba mantener una dignidad, deteriorada tras años de alcoholismo y convivencia con hombres, lo que la obligaba a buscar los más apartados rincones en los alrededores de la plaza. Aquella noche, la palabra «sardina» desaparecería de mi vocabulario.

Sin embargo, lo normal era que no tuviese que buscarlos mucho. Efectivamente, al día siguiente, cuando bajé con unas albóndigas con patatas, todos andaban por allí. Mich se había aislado de los demás y estaba en el rincón del Sidecar enfrascado en la lectura de una de sus manoseadas novelitas del Oeste. Se mostró apático e indiferente y me dijo, sin prestar atención a la comida, que la dejara colgada detrás del carrito.

Aquel día, más que comida, lo que Mich necesitaba era alguien que se prestara a oír sus quejas, y yo me acuclillé a su lado dispuesto a servirle de confidente. Esta vez su problema era que casi todos los días vomitaba lo que comía. Esto lo deprimía y le hacía pensar de nuevo en la muerte como solución a sus problemas: otra vez quería morir para acabar ya de una vez. Desconfiado como soy, me dio por pensar si aquellas repetidas alusiones a la muerte eran sinceras o buscaba con ellas despertar mi conmiseración. Posiblemente era sincero y confiaba más en mí que en cualquier otro «colega» o cualquier miembro allegado de Arrels. En cualquier caso, inmediatamente se le despertaba la mala leche y se olvidaba de la muerte para dedicarse a poner verde a cualquiera. Esta vez serían los de Vincles los destinatarios de sus invectivas. ¡Tenía que haber ido por la mañana a hacerse unos análisis, pero en Vincles le habían dado las galletas y el café del desayuno y nadie se había acordado de que tenían que llevarlo en ayunas a sacarle la sangre! A renglón seguido me dedicó su monólogo favorito, consistente en desgranar toda una lista de adversidades y desgracias, intentando no olvidarse de ninguna. Así comenzó a enumerarme todas las desgracias que recordaba, una a una, empezando por lamentarse de que estaba harto de análisis y de médicos y de que le sacaran sangre, para, a continuación, explayarse sobre los problemas que había tenido con el pie hasta que se lo amputaron, con la pierna mal cortada que tuvieron que volver a cortarle mejor; con que, después de tanto tiempo de esperas y promesas, aún no le hubieran proporcionado la prótesis para la pierna, hasta que, y esto le resultaba humillante, necesitase ayuda para poder mear. En resumen, ¡estaba ya harto de vivir de aquella forma!

Yo lo escuchaba atento sin saber qué responderle, aunque sabía que algo tenía que decirle para demostrarle mi preocupación y solidaridad. Curiosamente, como un relámpago, me vinieron a la memoria las largas conversaciones que a veces mantenía con algunos amigos de mi edad en las que, más tarde o más temprano, el tema de las enfermedades terminaba ocupando la mayor parte del tiempo. ¿Qué decir en estos casos? ¿Que tenía que acudir al médico para que, aunque no lo curaran, al menos le evitaran dolores y malestar? ¿Que procurara comer? ¿Que no bebiera o que bebiera menos? ¡Y de pronto se me ocurrió darle la respuesta adecuada que sabía que sería de su agrado! Usando como introducción la manida recomendación de que tuviera paciencia, le solté la atinada lisonja que se me había ocurrido: «¡Mich, al menos tú tienes una gran suerte que no tienen otros: que te guste la lectura supone un gran entretenimiento y leyendo puedes olvidarte de las desgracias y no pensar en ellas!». A Mich le agradó el comentario y me lanzó una mirada de agradecimiento y connivencia por recordarle y reconocer lo que él ya sabía. Le di un golpecito cariñoso con el puño en la mejilla y Mich me agarró la mano para besármela.

El aspecto de Mich iría empeorando. A menudo me lo encontraba dormitando en su rincón, y una de las noches lo sorprendí durmiendo en el suelo en el rincón de Alibi, sobre unos cartones, junto al carrito. Yo recordé las numerosas veces que, al pasar por allí, había visto al turco en aquella misma situación.

LAS NOVELAS DE ESTEFANÍA

Mich estaba ensimismado leyendo alguna de sus novelillas. ¡Claro que la novela que tenía entre las manos ya la había leído! Incluso decía que podía haberla leído dos o tres veces. Le prometí ir a la librería de segunda mano de la calle Hospital y preguntar si tenían alguna de aquellas novelillas para regalarle unas cuantas nuevas. Ilusionado como un niño que pide un gran regalo sin tener muy claro si se lo van a dar o no, Mich me pidió si podían ser cinco. Una tarde que pasaba por la librería me acordé de Mich y cuando le pedí a Jaime, que era amigo mío, si tenía novelas de Estefanía me miró un poco perplejo y me dijo que tenía algunas en un cajón al fondo del almacén. Me vi casi obligado a contarle un poco por encima el motivo de comprar aquella extravagante literatura. Cuando me mostró una caja llena de novelitas nuevas, escogí aleatoriamente cinco que creí serían del agrado de Mich.

Al verlas, y tras echarles un rápido vistazo, exclamó alborozado que ninguna de las cinco novelas era de Estefanía. Mich, que suponía que yo, al ser un artista famoso, también debía de ser una persona culta, se asombró al comprobar que no solo no había leído ninguna obra de Estefanía, sino que ni siquiera sabía quiénes eran escritores tan famosos como McFarlane o Ralph Compton. Inmediatamente me preguntó cuánto me habían costado y, al enterarse, me indicó un sitio en donde no solo las tenían más baratas, sino que podía cambiarlas por solo unos céntimos.

Después de reponerse de la alegría por el regalo, y una vez se hubo guardado las novelas en el fondo de la mochila, Mich me contó que Omar por fin había conseguido lo que deseaba hacía tiempo: ir al centro de alcohólicos de Sant Boi porque habían encontrado para él una plaza libre. Mi informático, que era de aquel pueblo, me comentó que allí, en el centro de rehabilitación, las condiciones eran mucho más duras que las que regían en el manicomio que estaba en el mismo complejo. Mich creía que a la Montse también la habían ingresado en un centro, este en Barcelona, pero a él, la suerte de la Montse no solo no le importaba lo más mínimo, sino que, últimamente, consideraba que sus borracheras eran tan continuas y pesadas que creía que era mejor para todos que estuviera por ahí encerrada. No hacía mucho yo había asistido a una bronca protagonizada por Moisés que insultaba a la Montse, aquella joven alcohólica pelirroja, única mujer del grupo, aparte de Helga, de la que decían que provenía de una rica familia catalana, llamándola «ramera» (palabra usada frecuentemente por él) y acusándola de haberles pegado ladillas y piojos a todos los del grupo.

Tras la marcha de Omar, Mich no pararía de lamentarse a diario por su ausencia. Ahora, sin él, se sentía desvalido, en desventaja frente a Moisés y sus amigos. Siempre buscaba un rincón donde aislarse o, si estaba en la plaza, se alejaba varios metros del grupo. Porque Omar estaba a su servicio lo mismo para empujarle el carrito y llevarlo o traerlo de Vincles que para ir a por vino o a darse una vuelta para buscarle tabaco. Omar era para Mich una especie de escudero o lazarillo con el que se sentía seguro. Ahora se había quedado solo y le dio por decir que no tenía fuerza en las manos para empujar las ruedas del carrito de un lado a otro y que hasta Helga lo conducía más rápido.

Un día que me acercaba a él para llevarle el trinaranjus de limón que me había pedido, vi sorprendido que unía rápidamente las piernas para ocultar de mi vista la moneda que un hombre acababa de depositar en el carrito. ¡Cómo no se iba a dar cuenta de que yo lo había visto! Mich solo usaba las gafas para leer, y era milagroso que pudiera ver las letras a la luz de una farola, pero de lejos tenía una visión aguda. Mich cogió la moneda, se la guardó y comenzó a contarme, a mí, esas historias que se contaban entre ellos y a las que ninguno prestaba atención porque las habían oído ya muchas veces o porque sabían que eran mentira. Comenzó a contar que un día que estaba pidiendo con un vasito que tenía ya casi lleno se había quedado dormido y un chico se lo había quitado. Una pareja de ingleses que lo vieron lo persiguieron hasta que lo atraparon y le arrebataron el vaso, que contenía más de siete euros. Y es que había mucha gente que estaba pendiente de los platillos de los que pedían en la calle, y cuando veían que había dinero, en un descuido, se lo robaban y salían corriendo.

Pero el gran acontecimiento del día era que al francés le habían robado el perro. Mich podría haber dicho que el perro se había perdido o había desaparecido o se había escapado, pero no: se trataba de un robo, alguien le había robado el perro, su medio de ganarse la vida. Alguien habría visto el negocio que suponía aquel perro amaestrado y el partido que se le podía sacar, o bien vendiéndolo, o exhibiéndolo en cualquier sitio. Cuando Cristiano se despertó, el perro ya no estaba. Y todos sospechaban que tenía que haber sido alguien a quien el perro conocía. Decía que la novia (porque el francés tenía una novia en cuya compañía se le veía a veces) lo había estado buscando por la Rambla del Raval, donde se reunían algunos de los amigos extranjeros con los que se juntaba Cristiano. Muchos coincidían en sospechar que alguno de aquellos amigos había mandado a alguien para que se lo robase. El también francés Dominique, gran amigo suyo, repetía que Cristiano andaba desesperado, y estaba convencido de que no tardaría mucho en volverse a Marsella. Y un día desapareció de la plaza. Y yo que, influido por aquellas historias de perros y robos, había buscado por la biblioteca *El coloquio de los perros*, de Cervantes, y me había puesto a releerlo, encontré una frase de Berganza, el «perro sabio», que me venía pintiparada para hablar de este robo: «La codicia y la envidia despertó en los rufianes voluntad de hurtarme, y andaban buscando ocasión para ello...».

Parte segunda (2016)

LA FUNDACIÓ ARRELS

Dio comienzo un nuevo año y Omar continuaba ingresado en el centro de rehabilitación de alcohólicos en Sant Boi. Helga llevaba puesta por la cabeza la bufanda de cachemira hecha en Nepal que mi cuñada me había regalado por Navidades, y a Mich, en ese proceso de degradación física, se le habían comenzado a caer las cosas de las manos porque decía que las tenía insensibles. Había descubierto que por la mañana se levantaba con fuerza en las manos, como siempre, pero conforme pasaba el día iban perdiendo sensibilidad y no podía agarrar las cosas y se le caían los cigarrillos. Estaban hartos de decirle que toda la culpa era del alcohol y del tabaco, pero él le echaba la culpa a la nueva medicación que tomaba y se resistía de nuevo a que lo llevaran al médico. Ahora, sin Omar cerca, su dependencia era mucho mayor. Últimamente estaba casi siempre dormitando.

Moisés alardeaba de ser punki de toda la vida y de que le gustaba la música punki, pero renegaba de esos nazis que se disfrazaban de punkis con cruces y esvásticas. Helga, que estaba a su lado, pareció despertar de algún letargo y sentirse agredida al oír hablar de nazis, y con voz destemplada comenzó a repetir las palabras que solía soltar para mostrar su enfado: «Balla-balla», «Versifft», «Kladderadatsch», «cabrón» y «bomba». Pero Moisés no estaba de buen humor y se encaró con ella devolviéndole las palabras que sabía en alemán junto con todos los insultos que guardaba en su vocabulario: «¡Tú Balla-Balla; tú Versifft; tú hijaputa nazi de mierda; tú guarra; tú cerda, que te has tragado todas las pollas de Barcelona!».

Una vez se hubo tranquilizado, Moisés se olvidó de Helga, y aprovechando que me tenía allí solo para él, en un arrebato de confidencialidad, se explayó en contarme algunas de las aventuras que había vivido en Suiza, donde estuvo trabajando durante un tiempo porque allí tenía familia. También me contó algo de cuando tuvo que ayudar en la gran riada que hubo en Valencia, que él estaba allí haciendo la mili, o cuando se partió una pierna tras resbalar en los adoquines mojados por la lluvia y tuvieron que ponerle una prótesis en el hombro, y no recuerdo cuántos accidentes y aventuras más.

Cansado de contarme historias de su vida comenzó a entrometerse en la vida de Mich, reprobando lo bruto que algunas veces llegaba a ser por no querer que lo llevaran al médico y por su reticencia a ir a dormir a Vincles, tanta, que algunas noches incluso tenía que venir Mariadolores, la jefa de Vincles, para convencerlo y llevárselo.

Ya por la noche, estaba en el café Ocaña con unos amigos, y cuando me di cuenta de que eran las nueve, decidí acercarme para preguntarle a Mich si quería que lo acompañara yo, a ver si conmigo aceptaba irse a dormir a Vincles. Mich estaba en el rincón de Alibi, sentado en el suelo junto a la silla, imitando el comportamiento del turco. Me dispuse a levantarlo para sentarlo en la silla, pero se me resbalaba y no lo conseguía. La situación era bastante embarazosa y Mich no colaboraba, se mostraba indolente y como adormilado, como si se estuviera haciendo el muerto. Cuando vi que pasaba por mi lado un hombre maduro, pequeñito, vestido de domingo, le pedí si podía echarme una mano y, entre los dos, conseguimos sentarlo al segundo o tercer intento. Mich accedió a ir a dormir a Vincles y, a pesar de estar algo adormilado (o hacerse el adormilado, el enfermo, el desvalido y, en suma, la víctima), aún tenía arrestos para darme órdenes indicándome autoritario los lugares por los que debía llevar el carrito. Yo me daba cuenta del despotismo con que debía de tratar a Omar y con el que debía de tratar a cualquier voluntario de Arrels.

Durante esta época en la que Omar estuvo ausente, muchas noches tuve que ayudar a unos y otros a llegar hasta Vincles. Hacía tiempo que sentía curiosidad por conocer aquel centro que la Fundació Arrels tenía en la calle Riereta al que iban todos a ducharse, cambiarse de ropa y jugar a las cartas o al dominó. Una tarde que había ido al Raval a cortarme el pelo en la peluquería de pakistanís a la que acudía desde hacía tiempo, decidí acercarme y echarle un vistazo. Había una especie de pequeño mostrador en la entrada y, tras pasar unas cristaleras, se accedía a un amplio salón por donde circulaba gente que entraba y salía. Me acerqué al mostrador y de pronto se me pasó por la cabeza que podría formalizar las relaciones con mis amigos haciéndome voluntario de Arrels. Quizás me animaran los comentarios que por aquellos días me había hecho una señora que conocía, trabajadora en El Corte Inglés y cuya jubilación era inminente, confesándome que ya tenía concertadas dos horas de trabajo dos veces a la semana como voluntaria en Arrels. Podría suponer una especie de compromiso que fuera más allá de mi anárquica actitud filantrópica individualista. En absoluto se me debió de ocurrir todo esto al decirle al señor mayor que presidía el mostrador que quería hablar con alguien responsable del centro, pero era algo que había pensado en numerosas ocasiones.

Después de cruzar la puerta de cristales, me acompañó al interior y me presentó a una mujer bien vestida que salía de un despacho. Cuando le dije que quería informarme sobre qué tipo de trabajos podría realizar como voluntario, me dio el correo electrónico de una chica para que me pusiera en contacto con ella. Envié el correo a la chica diciéndole que quería trabajar de voluntario en la fundación, y me arrepentí casi en el mismo momento de pulsar «Enviar». Pasó un tiempo sin que me dieran ninguna respuesta. Algo sorprendido, me alegré al ver que, de alguna manera, ellos habían tomado la decisión por mí. No insistí y consideré que, para hacer la labor que estaba haciendo desde hacía ya casi un año, no era necesario pertenecer a ningún colectivo o asociación. De esta forma la ONG NAZARIO DIBUJANTE FAMOSO EXPERTO EN COMIDAS CASERAS quedaba oficialmente inaugurada.

VISITA AL HOSPITAL DEL MAR

Pensar en la satisfacción que podría sentir Mich al verme aparecer en las urgencias de Pere Camps, adonde me habían dicho que lo había llevado la ambulancia, me decidió a acercarme hasta allí. Me lo habían contado Moisés y Helga, que estaban calentándose a una distancia prudencial de una estufa de gas del Glaciar. En urgencias de Pere Camps me dijeron que no había ningún Mohamed ingresado y que posiblemente lo habrían llevado al Hospital del Mar. Cogí el 59 en la Rambla de Santa Mónica y me bajé en la parada frente al hospital. Le eché una ojeada a aquel mar que solo veía cuando iba al hospital. En la recepción me dijeron que había un Mohamed ingresado en la planta de digestivo. Allí en la habitación de la séptima planta estaba él, acompañado por un hombre y una mujer. Resultaron ser Mariadolores y aquel Alfonso que le había revelado que yo era un dibujante famoso. Tras saludarlos, les pregunté por Omar y amablemente me dijeron que le darían permiso el siguiente fin de semana. Pensé que querrían probar si realmente podía dejar el alcohol o no. Me dijeron que eran conscientes de que sería una prueba dura y habían pensado buscarle una pensión para que estuviera recogido y así evitar que durmiera en la calle. Las penurias de Omar para conseguir un «piso», como él quería, se prolongarían largos años, y solo lo conseguiría una vez muertos Helga y Mich.

Cuando los de Arrels se marcharon yo me quedé a merced de las quejas y lamentos de aquel aprendiz de tirano. Estas solo serían interrumpidas con la llegada de un joven médico que, casi desde la puerta, sonriente, le dijo en voz alta a Mich que, por favor, no le volviera a contar lo mal que estaba, que, al fin y al cabo, lo suyo no era para tanto. Cuando se marchaba me dijo que ya hablaría conmigo más tarde. Debió de dar por sentado que, como la pareja que se acababa de marchar, yo también pertenecía a Arrels. Cuando volvió, me sacó al pasillo y me dijo que, en principio, lo que tenía era un problema de malnutrición. Yo le conté que llevaba ya unos días diciendo que vomitaba a menudo, y que no tenía fuerzas en las manos y se le caían los cigarrillos. También que se pasaba el día amodorrado. El médico me dijo que en el hospital pensaban hacerle un TAC y varias pruebas y que habría que esperar unos días para ver si, comiendo con regularidad, se recuperaba. Además, pensaban pedir que le hicieran unos ejercicios de rehabilitación para ejercitar la movilidad de las manos. Cuando, por curiosidad, influido por los continuos comentarios de Moisés, le pregunté si realmente era gangrena la causa de que le hubiesen cortado los dedos del pie y la pierna, el médico, mirando el expediente, me informó de que allí no decía nada de gangrena como motivo de las amputaciones, sino problemas circulatorios, como consecuencia del alcoholismo.

De nuevo a solas, Mich comenzaría a mostrarse exigente y gruñón, hasta reprocharme, en un momento dado, que tenía poca paciencia con él. Realmente, a pesar de ser yo todo un Job, y de que la paciencia fuera una de mis cualidades, si de pronto, después de mucho soportar en silencio, el vaso de mi paciencia se colmaba, solía estallar en arrebatos de ira que me convertían en toda una colérica Lisa ante la sorpresa, el estupor y, sobre todo, el desconcierto del interlocutor, que no debía de comprender mi histérica reacción. Pensé que, de haber sido voluntario de Arrels, no hubiera aguantado a Mich dos días seguidos.

Mich me hizo desmenuzarle el pollo que le habían traído para cenar y se lo fue comiendo con los dedos sin problema alguno de movilidad. Cuando terminó de comer, tras comprarle una tarjeta de diez euros para que pudiera ver la televisión, me despedí de él.

LA VUELTA DE OMAR DESINTOXICADO

Con gran sorpresa me tropecé de golpe con Omar y la «novia» en la calle del Vidrio mientras buscaba a Moisés y Helga para entregarles unos tápers con ensaladilla. Exultante, me saludó dándome un abrazo y me contó que tenía reservada una habitación para dormir en un hotel por la plaza del Pino; que tenía las llaves y que la chica estaría con él. Bajando el tono de voz como si temiera que lo oyera alguien, me terminó confesando que eso era un secreto. Dijo que iría al hospital a visitar a Mich el día siguiente porque acababa de llegar y tenía mucho trabajo, añadió guiñándome un ojo con picardía.

Volví a visitar a Mich para ver cómo estaba y regalarle una tarjeta para la televisión. Tenía toda la cama empapada porque se había derramado un vaso de naranjada encima y no dejaba de protestar, como a él le gustaba, quejándose, reprochando e increpando, como solía hacer con Omar o con los de Arrels, pero aquí con las enfermeras. Le habían cortado el pelo y lo habían afeitado, con lo que le habían arrebatado, como la primera vez que había hablado con él, el aire pícaro de *clochard* para convertirlo en un enfermo de cara macilenta que se pasaba todo el tiempo moviendo las manos, ahora limpias, con los dedos abiertos, mirándoselas y repitiendo una y otra vez, como un mantra, que era un inválido. Estaba pidiendo a gritos, exagerando su precaria situación, que lo ingresaran en algún tipo de residencia en donde lo cuidaran como a un inválido porque temía que, cuando saliera del hospital, no tendría fuerzas ni para empujar las ruedas del carrito, a pesar de saber ya que volvía a tener a Omar a su disposición. Se quejaba también de no tener papeles, de tenerlos quizás en Aranjuez, y, por último, como epílogo, se quejaba de no tener dinero para una tarjeta para activar el televisor. Omar me había contado que los de Arrels le habían dado cinco euros para que comprara una y unos caramelos de menta para paliar la abstinencia de tabaco. No obstante, el capricho y la avaricia del enfermo en aquel momento consistían en que el artista famoso tuviera el «detalle», como solía decir Moisés, de regalarle dinero para que se comprara una tarjeta de diez euros. A cambio, el zalamero, loco de contento, me dio un fuerte abrazo de despedida.

Al día siguiente por la mañana, cuando volvía del mercado, me sorprendí al encontrarme en la plaza a Mich con Helga y Moisés. Dijo que se había escapado. Posiblemente él mismo se daba cuenta de que no estábamos dispuestos a creer una sola palabra de lo que nos quería contar, pero el mitómano no podía resistirse a describir su actuación como una hazaña que ampliaría la que él creía su aureola de rebelde aventurero. Al darse cuenta de que no queríamos escuchar sus patrañas, decidió dar marcha atrás y no contarnos aquella hazaña que había decidido inventarse.

Helga estaba muy borracha, reía y movía las manos y los brazos como si bailara y escuchara música, pero no tenía transistor. No paró de soltar «olé», «Wunderbar» y «bomba» hasta despertar de un sobresalto a Moisés, que estaba dormitando y dijo que se había quedado frito sin darse cuenta. Mich me preguntó entusiasmado si le había comprado sardinas y yo le confesé que, como no sabía que iba a volver, había comprado espinacas. Pero para satisfacer a Mich y celebrar su vuelta, tan complaciente yo como caprichoso él, no dudé en llegarme a la bodeguita La Plata de la calle Ancha, donde pedí una ración de pequeñas sardinillas fritas y se las llevé apresuradamente antes de que se enfriaran. Mich se las guardó bajo la chaqueta y yo, ecuánime, para compensar a los demás, fui a la tienda de Raja a comprar una Voll-Damm para Helga y un tetrabrik para Moisés.

Por la noche temí que Mich estuviera allí en el rincón esperando que fuera alguien a recogerlo, y cuando bajé, me lo encontré muy borracho y con una lata en la mano. Estaba muy enfadado porque un amigo de Moisés le había robado tres euros, y no es que se los hubiera quitado, sino que se los había dado para que fuera a comprar unas cervezas y no había vuelto. Sin prestarle mucha atención, lo llevé hasta Vincles y esperé con él en la puerta a que le prepararan la cama en la entrada. «¡En el suelo!», decía Mich, donde dormía igual que si estuviera en un cajero automático. Decía que Helga, que dormía junto al patio interior en donde estaba el baño, cuando lo veía ir arrastrándose hasta el váter para mear, lo llamaba perro. Todos sabían zaherirse y se divertían haciéndolo. En una ocasión en que estábamos en la plaza, Mich me dijo sonriendo con crueldad y malicia que prestara atención y viera cómo se enfadaba Helga. No hizo más que repetir el mismo juego que ya en otra ocasión me había mostrado Moisés: soltó en voz alta alguna palabra en alemán que, supuestamente, tenía que ver con los nazis, y Helga, como picada por un bicho, pegó un salto y comenzó a desbarrar en su jerga mientras él se partía de risa observándome para ver mi reacción.

EL ESPACIO DEL INMIGRANTE

No recuerdo cómo llegué a enterarme, pero un día supe que en un lugar llamado «Espacio del Inmigrante» necesitaban gente para dar clases de español. También me informaron de que se trataba de un piso ocupado que estaba en el principal del número dos del pasaje Bernardí Martorell, entre las calles Hospital y San Rafael. Al parecer todo el edificio estaba ocupado por familias de inmigrantes, pero, oficialmente, ninguno de ellos «existía».

Luego me contarían que aquella casa había sido un apart-hotel propiedad de unos rusos que desaparecieron sin dejar rastro, por lo que no había ninguna denuncia reclamando el desalojo.

Me di una vuelta por el pasaje y, aunque vi luz y llamé a la puerta, no contestó nadie. En los balcones del primer piso había una gran pancarta en la que ponía ESPACIO DEL INMIGRANTE. Empecinado como soy, decidí insistir otro día. Pensé que podía disponer de un par de horas dos días a la semana para dedicarme a la enseñanza, como hacía mi amiga Ana Briongos en una escuela para niños inmigrantes en un local de la calle Princesa.

No fue fácil «sustituir» a Rosa, la chica que daba clases y tenía que marcharse por no sé qué problemas. Yo había estado ejerciendo la profesión de maestro de adultos durante quince años antes de venir a Barcelona y sabía que el método empleado por Rosa para enseñar a leer y escribir era completamente erróneo. Pero la mayor dificultad con la que me encontré fue estar solo y tener un grupo de alumnos de los más variados niveles: desde los que parecían recién llegados, con un desconocimiento absoluto del idioma español, hasta los que intentaban aprenderse de memoria los tests y las respuestas de los extravagantes exámenes para conseguir el pasaporte. Entremedio estaban los que sabían hablar, pero no sabían leer ni escribir, y los que ya sabían algo.

Busqué en internet ejercicios de enseñanza primaria para adultos, los mandé imprimir y los fui repartiendo según el nivel de cada uno. Tenía que dividir el tiempo como podía entre unos y otros, viendo desesperado cómo mientras unos terminaban los ejercicios rápidamente y esperaban a que los atendiera, otros se demoraban esperando mi ayuda.

La entrada de la casa era una cocina con una ventana que daba a un patio interior. La primera vez que estuve había unos chicos senegaleses que se repartían unos trozos de carne guisada que habían cocinado en una pequeña hornilla. En la pared había una pizarra en donde, al parecer, en las asambleas que celebraban, anotaban los puntos a debatir. Había una gran variedad de sillas recogidas de la basura y un lóbrego pasillo, como el de una pensión, que llevaba a unas pequeñas habitaciones. En la primera, en la que Rosa daba las clases, había una mesa y una extraña iluminación consistente en un par de pequeñas lámparas colocadas en los extremos de la estancia. No teníamos libros, ni cuadernos, ni papel, ni nada. No comprendía que no hubiera una luz en el techo o un flexo en la mesa. De pronto comprendí que aquella habitación había sido un dormitorio al que le habían escamoteado la cama cambiándola por una mesa. Ahora entendía el sentido de aquella especie de panel acolchado en la pared que habría sido la cabecera, y las dos lámparas que debieron de pertenecer a las mesitas de noche. En otras habitaciones se veían sofás y sacos de dormir, por lo que pensé que allí seguramente vivía gente.

Con dos luces de bajo consumo en la pared, casi en penumbra, había tres chicos escribiendo en una pequeña mesa destartalada, mientras Rosa intentaba enseñarle a una chica senegalesa a decir hola, buenos días, cómo estás y cosas así. Uno de los chicos era también senegalés y las ayudaba traduciéndoles algunas palabras en wólof. Quedamos para acudir a la misma hora los martes y los viernes. Yo iba a las siete dos días a la semana y permanecía allí, viniese quien viniese, hasta las nueve. Unos días venían cinco alumnos, otros dos y otros ninguno. Rosa, una vez me presentó y me explicó cómo funcionaban las clases, se marchó porque tenía algún problema y no podía continuar dando clases, tal como me había dicho el primer día que nos vimos.

LOS CAPRICHOS DE MICH

Mich estaba solo en la puerta del bar Ambos Mundos, que aquel día no había abierto. Lo acababan de traer del ambulatorio, adonde lo habían llevado para hacerle las curas en las llagas que tenía en el culo. No paraba de mover los dedos como si intentara que se desperezaran. Pasé por allí, lo saludé y le dije que volvería a las nueve para llevarlo a Vincles. Más tarde, cuando volví, estaban allí Moisés y Omar, bien escamondados y relucientes, que acababan de llegar de ducharse en Riereta.

Mich me pidió que lo llevara a Vincles y, como siempre, fue él quien me dirigió por los lugares adecuados: me decía que frenara, que no fuera tan deprisa, o se enfadaba con la gente que le estorbaba el paso en las terrazas de los bares por las que se empeñaba en pasar. No me dijo nada, pero pensé que quizás quería ir por las arcadas, aunque tuviéramos que dar más vuelta, porque las baldosas eran más uniformes que las de la plaza o las de la calle y no le dolía tanto el culo por los saltos. Podría haberlo llevado Omar, que caminaba junto a nosotros, pero él se empeñó en que fuera yo el que lo empujase. Podía ser un capricho o quizás un menosprecio hacia Omar en un intento de demostrarle que no necesitaba su ayuda y que podía prescindir de él. O bien podía tratarse de un intento de mantenerme bajo su pequeño imperio de caprichos y veleidades, como pretendía a veces hacer con los jefes de Arrels.

Cuando lo dejé y me volví con Omar, que esperaba que le diera unas monedas, Mich, que lo sabía, me gritó previniéndome que tuviera cuidado con él, que era un gran tramposo. Omar aprovechó que estábamos solos para soltarme una lección magistral sobre las graves consecuencias que el alcohol podía tener en el organismo. Repitió parte de la terapia antialcohólica que debieron de aplicarle allá en Sant Boi. Ponía como ejemplo todas las enfermedades que padecía «el pobre Mich»: la culpa del alcohol en general y de los componentes químicos del vino que bebían, que hacía que las venas se secaran, que la sangre no circulara con facilidad y que no llegase a las extremidades, hasta provocar problemas que conducirían a la necrosis y a tener que amputarles los miembros. Para Omar esta debía de ser una de las razones para dejar de beber, aparte del sentimiento de no defraudar a los que habían confiado en él y estaban trabajando para su reinserción. Contaba que ahora le habían dado una habitación en una pensión de la calle Hospital en la que se sentía muy solo, pero, como era provisional, esperaba que pronto le dieran algo mejor. No hizo referencia alguna a su amiga. Yo le aconsejé que procurara ocuparse en algo, sabiendo que los de Arrels ya debían de estar buscándole algún tipo de trabajo en alguno de sus locales. Siguiendo la costumbre, antes de llegar a las Ramblas, Omar me pidió unas monedas para un refresco.

KARIM Y EL LADRÓN

Estaban solos Mich, Omar y Karim y, al no aparecer ni Helga ni Moisés, los tres se comieron todas las sardinas fritas que había bajado. Me senté junto a ellos y escuché cómo hablaban de sus vidas y aventuras. Mich contaba que él y Karim eran vecinos del mismo pueblo y casi de la misma edad y que habían mantenido siempre unas relaciones como de primos hermanos. Salieron de Marruecos casi al mismo tiempo, y mientras que Mich se fue directo a Holanda, porque allí tenía a su padre y hermanos, Karim se había quedado en Barcelona. Omar tardó en llegar a Barcelona más de tres meses en un barco carguero tan grande como una isla. Los tres decían ser bereberes, aunque Omar alardeaba de ser más bereber que los otros dos, sin esgrimir ninguna razón. Quizás por haber nacido en el Rif y no en la playa. Cuando salió el Rif a colación todos se pusieron a hablar apasionadamente de Abd el-Krim y de su lucha por la independencia, de su expulsión a Madagascar y de que, cuando el barco en el que viajaba toda la familia en secreto fue interceptado por orden de Nasser, fueron acogidos como refugiados por el gobierno egipcio.

Mich no tardó en tomar la palabra y enumerar su larga lista de achaques, y a quejarse de que habían quedado en venir por él al mediodía para llevarlo al médico a la una y habían venido a las cinco y media, y de que le habían curado las llagas poniéndole los esparadrapos de tal forma que medio le habían tapado el culo. Yo sabía que, si lanzaba la broma de que así, con el culo tapado, evitaría que intentaran violarlo, causaría la hilaridad de todos, como así fue. Karim comentó que se había acordado de una película en la que Richard Gere estaba en la cárcel, y cuando dos hombretones intentaban violarlo y le bajaban los pantalones veían que llevaba puestas unas bragas de hierro.

Omar se despidió y los otros dos maliciosos se rieron comentando que seguramente iría a buscar a aquella pinchota que él aseguraba que era su novia, pero que era mentira, porque todos sabían que ella tenía un novio rubio, también pinchota, y que, a pesar de que Omar también lo sabía, se hacía ilusiones pensando que era novia suya y no del rubio.

74

Karim era un tipo bonachón que recordaba a Patricio, el amigo de Bob Esponja. Sus borracheras eran como él, fofas, lánguidas e inofensivas. En varias ocasiones, habíamos mantenido algunas charlas en las que me había demostrado su humor y un poco de ingenio. Cuando un día que lo acompañaba el Pola le pregunté dónde vivían, me contestó riendo que vivían en la calle Carrer sin número y, corrigiéndose para redondear la broma, especificó que, en realidad, él vivía en el número uno y el amigo en el número dos. La verdad era, ahora sin bromas, que vivía por los alrededores de la plaza desde hacía cuarenta años, aunque había estado ausente diez por un delito por el que, en Marruecos, podría haberse quedado encerrado toda la vida. Contaba que se había marchado muy joven de Marruecos porque a él siempre le había gustado viajar, y consideraba que era muy bueno para conocer gente y para aprender cosas y saber razonarlas. Le recordé a Karim una aventura que había tenido lugar en la plaza no hacía mucho y de la que yo había sido testigo. Casi al amanecer, sentados sobre una tarima que la noche anterior había albergado un espectáculo, había sentada una pareja de turistas mayores que consultaban un plano, posiblemente de la ciudad. A su lado tenían abandonada una bolsa de cuero sobre la que habían dejado un móvil. Un chico de aspecto magrebí, joven y fuerte, con unos pantalones cortos, estaba sentado cerca y no paraba de mirar a un lado y otro cuando Karim llegó con un envase en la mano y se sentó en la otra esquina de la tarima dispuesto a comer tranquilo. Por supuesto yo no le dije que estaba observándolo todo desde la ventana de mi casa. Le recordé que, cuando se disponía a comer, el chico que estaba a su lado le dijo algo, posiblemente que se abriera porque tenía un negocio entre manos, y Karim, confirmando mis palabras, recordó que había sido así y que se había quitado de en medio apresuradamente marchándose a comer a una silla alejada. No bien se hubo levantado, el chico, en un visto y no visto, cogió el móvil y, levantándose parsimoniosamente, se dirigió hacia una bicicleta que tenía apoyada sobre el tronco de una palmera y se marchó como si estuviera dando un paseo. Claro que sabía lo que quería su paisano, me dijo Karim riendo, y qué iba a hacer él sino quitarse de en medio para dejar que cada uno se ganara la vida como pudiera.

OMAR VUELVE A BEBER

El sagaz Mich debía de estar algo celoso de las aventuras de Omar: tanto de su estancia en el centro de rehabilitación como de las atenciones que recibía por parte de algunos jefes de Arrels y sus probables aventuras amorosas. Y es que a Mich –un personaje digno de Conrad y en posesión de innumerables títulos honoríficos, entre los que se podían destacar los de aventurero, delincuente, expresidiario, tirano, caprichoso, desconfiado, envidioso, embustero, embaucador, zalamero, buscavidas, indiscreto, liante, revanchista, encantador o seductor– le interesaba un Omar dependiente, alcohólico y servil, y no un Omar enamorado, reinsertado y abstemio.

Y aquella mañana Mich, con todas sus maldades a cuestas, estaba feliz porque tenía a Omar de nuevo a su servicio. Comenzó a contarme algo que parecía estar deseando que ocurriera desde hacía días. Con voz sibilina, intrigante, maliciosa y llena de malsana satisfacción me reveló lo que, por ahora, se consideraba un secreto: Omar había vuelto a beber y andaba por ahí muy borracho. Po-

76

siblemente estuviera intentado ocultarlo para evitar que se enterasen los de la asociación, pero estas cosas enseguida se sabían, y pensaba que este había sido el primer paso para volver a la situación de antes.

Efectivamente, al día siguiente, cuando me dirigía a la placita que está detrás del ambulatorio para tirar la bolsa de basura, casi me tropecé con Omar, que estaba sentado en una de las sillas. Tenía el transistor en una mano, un cigarrillo en la otra y en el suelo, a su lado, un tetrabrik asomando de una bolsa de plástico junto a un vasito, y estaba muy borracho. Me daba vergüenza que me viera pasar por su lado sin saludarlo, pero a la vez me daba apuro que sintiera que lo había «descubierto». Lo saludé como si no me diera cuenta de que había vuelto a beber y me agaché a su lado para charlar un poco con él. La borrachera y, posiblemente, un sentimiento de culpa, o quizás de vergüenza, hicieron que se inhibiera, no encontrara historias que contarme y tuviera que recurrir a expresarme una vez más el rencor que sentía por Mich. Comenzó a decir que últimamente estaba muy violento y agresivo, llegando a meterse con un voluntario que le estaba curando las llagas del culo. Como no mostré gran interés por la historia que me contaba y me levanté dispuesto a marcharme, apresuradamente me pidió unas monedas y le di lo que llevaba suelto. Cuando volví de echar la bolsa en el contenedor, Omar había desaparecido.

LA LEYENDA DEL ROBO EN LA CASA DE HELGA

Mi amiga Teresa había pasado por casa para hacerme una visita y, cuando se marchaba, le mostré desde el balcón a Helga y Moisés aparcados en el cruce de Escudellers con Vidrio, calentándose cerca del asador de pollos de Los Caracoles. Ya le había hablado mucho de ellos, y cuando al bajar le dije que eran casi las nueve y podía llevar a uno de ellos hasta Vincles, decidió que ella llevaría al otro. Al proponérselo, ambos accedieron encantados, y mientras Teresa optó por empujar el carrito de Helga, yo, con gran esfuerzo, porque tenía una rueda rota, logré encarrilar el de Moisés. Esperamos en la puerta de Vincles hasta que terminaron de fumarse el último cigarrillo antes de entrar. Mariadolores, la encargada, se acercó a nosotros y me estuvo comentando, con la confianza que le daba verme a menudo con ellos y de, ¡vete a saber!, lo que ellos les habrían contado de mí, lo precario de la situación de Mich, al que tendrían que llevar de nuevo al médico y, posiblemente, buscarle un sitio en la residencia, dada su progresiva dependencia.

En algún lugar debía de andar Omar oculto porque, cuando todos entraron y nosotros nos marchábamos camino de las Ramblas, apareció a nuestro lado y, con la cara llorosa o llena de vino, pero en cualquier caso mojada, muy borracho y trastabillando, nos dijo que estaba muy contento, pero que temía que al día siguiente seguramente se sentiría muy mal. La chica con la que «estaba» se iba a Reus a un centro de desintoxicación y le había dicho que luego se establecería en Tarragona. Nos acompañó hasta las Ramblas y luego, tras pedirme una moneda, se marchó cariacontecido. Teresa comenzó a contarme toda la cháchara que Helga había mantenido con ella sin apenas darle un respiro para hacer el mínimo comentario en español o en inglés.

Como siempre, había ido contando de forma caótica, enrevesada y casi ininteligibles, sus sempiternas historias que giraban alrededor de aquel piso suyo en donde le habían robado todo, muebles, joyas y ropas. Era el *leitmotiv* en el relato de la vida de la alemana que ya todos, incluyéndome a mí, habíamos oído contar tantas veces que, cuando en alguna borrachera pretendía contárnoslo de nuevo, nadie le prestaba la menor atención. Teresa creyó que, posiblemente, tras toda esa ristra de calamidades, algunos hechos ocurrieron realmente, pero que pasado el tiempo y las borracheras, el relato se habría convertido en una especie de nebulosa y de caos. Además, podían estar las dificultades del lenguaje. Pero en una ocasión que me visitaron mis amigos Jesús Rey y su marido Chris, alemán, y nos encontramos con Helga en la Rambla del Raval, ella quiso que la acompañásemos a la casa en donde vivía en la calle del Carmen, y Chris, mientras le llevaba el carrito, estuvo hablando con ella en alemán. Más tarde Chris nos contó que durante todo el camino le había estado hablando de un robo que había sufrido (sin especificar cuándo ni dónde), en el que se habían llevado los muebles, la ropa, las joyas y todo lo que había de valor. Al parecer la historia contada en alemán resultaba igualmente confusa y caótica.

HUMORES DE PERROS

Mich estaba en el rincón de la entrada, solo y con un humor de perros. No prestó atención a las salchichas que yo había pasado por la plancha y a las que les había añadido mostaza y kétchup. Estaba agresivo, rencoroso y desesperado, y se lamentaba de que querían alejarlo de su médico de cabecera; de que, en realidad, lo que querían era deshacerse de él y mandarlo a cualquier lado que no fuera la residencia de la Barceloneta, como le habían prometido, y que los iba a denunciar por lo mal que se estaban comportando

79

con él. Oyendo a Mich con sus continuas quejas, cualquiera podría pensar que, o bien él no se enteraba de nada, o bien los de Arrels no le daban muchas explicaciones o, con su burocracia, ni ellos mismos tenían claro qué hacer con él. Pensé que, tanto los del Ayuntamiento, como los de Cáritas, la Cruz Roja o Arrels, todas esas especies de grandes burocracias, no debían de saber muy bien qué hacer con este tipo de hombres cuando eran problemáticos, gruñones, rencorosos y, sobre todo, cada día más dependientes. Mich quería que lo llevara a Vincles y me olvidara de Moisés y Helga, que estaban entretenidos por ahí «pidiendo», pero yo quería darles las salchichas que llevaba también para ellos y le aseguré que volvería a por él enseguida.

Los otros dos estaban en Escudellers, junto a la tienda pakistaní que habían momtado en el local en donde antes estaba la pastelería L'Estel. Moisés le daba un beso en cl hocico a la enorme vaca que tenían en la puerta de la tienda de Ale-Hop mientras Helga se partía de risa observándolo desde la acera de enfrente. Era como si se estuvieran haciendo fotos con un móvil. No era raro que el humor de alguno de ellos cambiara de golpe ante mi intrusiva presencia. Así pues, al verme, Moisés abandonó el hocico de la vaca y su buen humor, y mostró de golpe una borrachera agresiva cuando, tras entregarles las salchichas, me despedí diciendo que iba a llevar a Mich a Vincles. Mientras me alejaba oí las palabras airadas de Moisés gritando que no quería ni oír hablar de Mich, que ni le mentasen a Mich y que se fuera a la mierda.

Luego, por el camino, tuve que soportar cómo Mich despotricaba de toda la gente de Arrels, como si ellos tuvieran la culpa de las tres úlceras que decía tener en la barriga, de las llagas del culo o de las úlceras de la mano que llevaba vendada, cubierta con uno de esos guantes negros que le regalaban sus amigos barrenderos. Lo dejé aparcado junto a la puerta de Vincles y, a petición suya, bien alejado de varios que estaban esperando.

Consideré que, ya enredado en aquella dinámica de ir y venir por la calle Arco del Teatro empujando los carritos de unos y otros, y para demostrarme a mí mismo y a los demás mi paciente masoquismo y, por qué no, mi altruismo a prueba de bombas, bien podía volver a la calle Escudellers, en donde aún seguían Moisés y Helga. ¡Claro que Moisés estaba encantado de que le empujara aquel pesado y maltrecho carrito en lugar de tener que ir impulsándolo con los pies a paso de tortuga! Algún amigo le había sugerido ir un día a cualquier ambulatorio y dar el cambiazo por otro carrito que estuviera mejor y, aunque a los dos les pareció una brillante idea, ninguno se decidió a dar el «golpe». Moisés me pidió que lo llevara despacio para ir al paso de su colega. Los tres atravesamos las Ramblas y, al entrar en la calle Arco del Teatro, Helga se encontró con un par de conocidos que estaban bebiendo sentados en el umbral de una puerta. Moisés me pidió que siguiera adelante. A la vuelta ni siquiera me despedí de Helga, que continuaba allí enfrascada con sus amigos.

LA RATONERA DE OMAR

En la calle Hospital, antes de llegar a la Rambla del Raval y en la esquina con calle Riereta, donde tiene el taller el sastre pakistaní que me hace arreglos, hay una panadería pastelería marroquí en la que hacen exquisitos dulces. Por Ramadán todo el mostrador se ve abarrotado de bandejas con pirámides de aquellos dulces con miel que tanto me recordaban a los pestiños que hacía mi madre.

Me había acercado a la pastelería, como hacía a menudo, a comprar un surtido. Era casi de noche y, nada más salir con la bolsita en la mano, me encontré, casi frente a frente, con Omar que, caminando vacilante en mitad de la calle, como si lo hiciera sobre la cubierta de un barco que se balanceara, con las piernas muy separadas para evitar caer y los brazos abiertos para intentar sujetarse en barandillas invisibles, se dirigía hacia un lugar indeterminado que luego supe que era la pensión en la que vivía. Su mirada vacía le daba un aire de zombi.

De haber sabido todos los enredos, como consecuencia de la mala lengua de Omar y la perfidia de Mich, que se originarían a causa de mi conducta, en lugar de acercarme para saludarlo, como decidí hacer, lo hubiera ignorado siguiendo mi camino con mi bolsita de dulces. Cuando me acerqué a él para saludarlo, sabiendo que me pediría unas monedas, como hacía siempre, Omar me farfulló algo que traduje como que tenía hambre. Lo sujeté del brazo y volví a entrar con él en la pastelería, en donde también tenían bocadillos. Escogió uno con queso y lechuga y le pedí a la chica que me lo cortara por la mitad y lo envolviera en un papel. Omar decía que vivía por allí al lado y yo recordé que me había dicho que la habitación que le habían buscado estaba en una pensión de la calle Hospital. Lo conduje del brazo hasta un portalón acristalado donde supuse que estaría la pensión, pero resultó no ser la suya. Buscamos más adelante y Omar reconoció su portal. Empujó la puerta casi arrojándose contra ella, y terminó resbalando en la alfombra y cayendo sobre una gran bolsa de basura que estaba en la entrada sin que yo pudiera sujetarlo. Lo ayudé a levantarse y lo acompañé hasta unas estrechas escaleras que quedaban frente a un portero protegido por una mampara de cristal.

La cabeza del hombre, que era idéntica a la de Akim Tamiroff en la película *Sed de mal*, incluido el peluquín, con idéntico bigotillo teñido de negro y la cara flácida, empuñaba un bolígrafo con una mano regordeta en cuyo dedo meñique destacaba un anillo con una gruesa piedra. Fue una visión momentánea, mientras me alargaba una llave por un hueco metálico que había bajo el cristal, como los de correos o los de algunos bancos. Omar comenzó a subir la estrecha escalera, diciendo que su habitación estaba arriba. El equilibrio de Omar apenas le alcanzaba para sujetarse a la pared, mientras yo lo aguantaba por la espalda para impedir que se cayera hacia atrás. Arriba nos esperaban unos pasillos también estrechos, laberínticos rincones y recovecos salpicados de puertas que me recordaron a las viejas y sórdidas pensiones que frecuentaba con mi amigo Tomás cuando íbamos a Ceuta o Algeciras camino de Marruecos para comprar kifi. Omar marchaba delante apoyándose en las paredes y yo lo seguía de cerca. Su puerta estaba al final de uno de los pasillos y, como no conseguía acertar a meter la llave en la cerradura, le pedí que me la diera y, una vez abierta, pulsé el interruptor de la luz, que no se encendía. Mientras Omar, tanteando por la oscuridad, buscaba la cama, se encendió el fluorescente, dando a la habitación un siniestro y mortecino aspecto. Omar se derrumbó sobre la cama y yo, tras dejar el bocadillo y la llave sobre la mesita de noche, apagué la luz, cerré la puerta y me marché. De pronto sentí miedo de no saber encontrar la salida. Cuando, tras pasar por delante del portero que, enfrascado en la resolución de su crucigrama o sudoku ni siquiera levantó la cabeza para mirar, di por fin con la salida y me encontré de nuevo en la calle, sentí un gran alivio.

Sabiendo los problemas que siempre tenían con el tabaco, me acostumbré a llevar cigarrillos en el bolsillo para ofrecérselos. Desde que había observado cómo Omar, con su vista de lince, se lanzaba ávido sobre las colillas más grandes que veía por el suelo, comencé a fijarme en algo que nunca me había llamado la atención: las grandes colillas abandonadas en las puertas de accesos al metro, los bares o los cines. Alguno contaba que un día Mariadolores, la voluntaria responsable en Vincles y antigua compañera de cajeros automáticos, según se encargaba de recordar Mich cada vez que se hablaba de ella, como si con ello la rebajara ante los oyentes que pudieran ignorar sus «bajos» orígenes, había aparecido con un montón de colillas que había reunido para repartirlas. Las vueltas y revueltas que casi todos daban a diario por las mesas de turistas estaban más motivadas por conseguir cigarrillos que dinero.

Moisés, cuando estaba de buen humor, se mostraba siempre cariñoso conmigo y, además de darme la mano, me ofrecía la mejilla para que le diera un beso mientras me abrazaba. El que entre amigos se saludaran ofreciéndose las mejillas para darse un beso era algo que me había sorprendido cuando lo había visto con sus «colegas» de la plaza del Tripi, lo mismo que sus cariñosas efusiones con Helga, pero era un gesto que no tenía jamás con ninguno de los que a veces llamaba «moros» (Mich, Omar, Karim o algunos de los amigos marroquís que los frecuentaban), porque yo creo que, en el fondo, no solo no los consideraba sus amigos, sino que, en algunas ocasiones, le afloraban grandes ramalazos xenófobos.

Mich me pidió que le comprara un Don Simón y me acerqué a la tienda de Raja. El vendedor pakistaní que ahora había era muy hablador y se entretuvo contándome historias, lo que no era frecuente en los pakistanís encargados de las tiendas, que solían ser bastante hoscos con los clientes. Ese era el caso del vendedor que había antes, el que iba a mi casa todos los jueves y decía llamarse también Raja, siempre parco en palabras cuando me acercaba a comprarle algo. Lo enmudecía, quizás, la posibilidad de que alguien descubriera el secreto de las relaciones que manteníamos, mientras que a este no le suponía problema alguno estar contándome durante una hora cómo había huido de Kuwait cuando la invasión de Sadam o los trabajos que solía realizar en el campo de su pueblo. Las relaciones con el otro, que habían durado casi un año, acabaron el día en que se marchó de mi casa, tras haber estado en la cama con él, llevándose la pequeña Canon, algo que jamás me había ocurrido con ninguno de los numerosos pakistanís con los que solía mantener relaciones. Cuando eché en falta la máquina, tras buscarla por todos sitios, sospeché que el Raja aquel se la había llevado. Me vestí y bajé apresuradamente a la tienda, y lo amenacé con contarles al jefe o a la policía que era un lardón si no me entregaba la cámara que me había robado. El infeliz me la devolvió metida en la bolsa de plástico en la que la había guardado. Por supuesto nunca más quise que volviera por casa.

Esta aventura (de las pocas que me ocurrieron con los amantes) me recordó a aquella otra de Alejandro sobre un robo que había sufrido y que tenía escrita en una hoja de un pequeño bloc cuadriculado: «Moreno era. Aquel que pasó las horas de la aurora en casa mía. Tuvo el detalle, después de haber disfrutado de "lluvia dorada", de aprovechar el tiempo que estuve "en brazos de Morfeo" para sacar todos los abalorios y documentos de mi chaqueta de cuero y, tras ponerlos ordenadamente sobre la mesa, se

85

marchó regalándose la chaqueta. A mí me pareció un detalle de esos que llaman "de puta madre". Nunca conocí a un chulo que tuviera tal delicadeza con tus artículos personales». Cuando volví con el vino y se lo entregué a Mich, este lo escondió velozmente bajo el anorak. Era la hora de marcharse a Vincles y llegaron unos voluntarios de Arrels que se los llevaron a los tres. Debió de guardarse el vino para bebérselo en el desayuno y mostrar su magnanimidad de jefe invitando a los demás.

UN VÍDEO PORNO INTERPRETADO POR OMAR
Y NAZARIO Y DIRIGIDO POR MICH

Al día siguiente, al ver que eran ya las nueve y no aparecía ningún voluntario para llevarlos, empujé el carrito de Mich hasta Vincles mientras Helga nos seguía lentamente. Mich aún se lamentaba de no tener fuerza en las manos. Luego me tocaría volver a por Moisés, pues aunque podía ir solo ahora que por fin le habían cambiado el carro, estaba bastante borracho y era preferible que lo llevara alguien.

Mientras empujaba el carrito de Mich, este comenzó a decirme ladinamente, con socarronería y un deje de burla, que sabía un secreto. Yo no le presté demasiada atención porque, todas las noches, su fantasía, movida por amagos de promesas de los de Arrels, lo llevaba a inventarse historias en las que materializarlas. Mich continuó insinuando que se había enterado de algo que no sabía si contarme o no. Su maliciosa sonrisa, el tono de su voz y su insistencia hicieron que comenzara a sentirme intrigado y prestara atención a sus palabras, y más aún cuando oí que el secreto del que no quería hablar no se refería a los voluntarios de Arrels, sino a mí. Era algo, siguió diciendo, que hacía referencia a Omar, a su pensión y a mí. El gesto que Mich estaba haciendo con las manos y los dedos se refería claramente a que dos personas habían estado follando. Una de ellas era Omar y la otra no había sido la novia pinchota. Cuando comenzó a pormenorizar y a referirse a una noche en la que Omar estaba muy borracho y yo lo había acompañado a su habitación, empecé a sospechar, aunque sin atreverme a darle crédito, de qué iba el secreto aquel. Decía que sabía desde hacía tiempo que yo era homosexual, pero él a eso no le daba la menor importancia. No se refería a eso cuando hablaba del secreto que sabía sobre lo ocurrido aquella noche en la pensión de Omar. Aquellas insinuaciones confusas y ambiguas en boca de aquel malicioso y perverso lozano andaluz me colocaron desnudo en mitad de un escenario representando el ridículo papel que él había querido asignarme: Nazario, el artista famoso y viejo homosexual que les preparaba las comidas, sube una noche a la pensión en donde vive su paisano, gran macho follador, al que a menudo le da dinero, y, aprovechando que está muy borracho, le mete mano y este termina dándole por culo. En un visto y no visto, la obra terminaba aquí, bajándose inmediatamente el telón.

Confuso, sintiéndome como «mancillado», como un pobre ultrajado, no supe qué responderle, ni cómo reaccionar ante la trama urdida por aquellos dos maliciosos y homófobos borrachos. Mich, como si pretendiera chantajearme, ponerme a prueba aprovechando aquel momento de sorpresa y confusión o calibrar hasta dónde podía haber subido su escalafón como patrón, no ya de Omar, al que tenía a su servicio incondicionalmente, ni de los jefes de Arrels, a quienes intentaba coaccionar cada vez que tenía oportunidad, sino del rico artista famoso, ahora, además, maricón, me ordenó, casi usando un tono perentorio, que parara el carro y le fuera a por comida porque le había entrado hambre.

El cocinero filántropo, ahora, además de artista famoso, homosexual supuestamente pillado in fraganti por un hipotético chantajista de tres al cuarto, procurando mostrarse sereno como si la patraña que le acababan de contar no tuviera nada que ver con él, le dijo que lo llevaría a Vincles y que allí pidiera comida porque ya era tarde y él no estaba dispuesto a buscar comida en ningún sitio. Lleno de recursos, y rebobinando como si la interrupción no hubiera existido, Mich me pidió que parara el carrito un momento como había venido haciendo todo el camino mientras me iba desgranando la historia, para terminar diciendo, como concretando, que a él le traía sin cuidado lo que hubiera ocurrido aquella noche entre Omar y yo en su habitación, y que, por él, podíamos ir a la habitación las veces que quisiéramos, si ambos nos poníamos de acuerdo. Cuando lo dejé en la puerta de Vincles, Mich se despidió diciéndome con altanería que si quería seguir ayudándole, podía hacerlo, pero que si no quería, no pasaba nada.

Desconcertado, camino de mi casa, me pregunté qué intereses ocultos podía haber detrás de aquella trama urdida por aquellos dos desvergonzados difamadores.

No hacía falta que le diera muchas vueltas a aquella enrevesada historia pergeñada por aquel par de rijosos delincuentes marroquís y su afición a la mentira y la falsedad, porque, a mí, la palabra «calumnia» me resultaba rimbombante y poco seria, y me remitía irremisiblemente al Barbero de Sevilla, y lo de «chantaje» tenía un cierto tufo a novela negra barata. En varias ocasiones, tanto Mich como Omar me habían advertido que no debía fiarme nunca ni del uno ni del otro. Evidentemente Omar le había contado a Mich, a su manera, en la bruma que debía de recordar de sus borracheras (la de aquella noche y la que debía de tener cuando le contaba la historia), que yo lo había acompañado a la habitación de la pensión, añadiendo, posiblemente, que follé con él o que lo había intentado, o quizás Omar ni siquiera había hablado de sexo y el liante de Mich se lo había inventado todo. Conociendo la homofobia de todo el grupo, yo siempre había procurado, como hacían ellos, no hablar de mi pasado ni de mi vida privada y, sobre todo, no hacer comentarios sobre maricones. Sabía que, al descubrirse que era homosexual, quedaría descalificado como persona para convertirme inmediatamente en un maricón, adjetivo que, para ellos, condicionaría cualquier otra cualidad.

Que todos eran recalcitrantes machistas, misóginos y homófobos resultaba evidente, pero eso no tenía por qué influir en absoluto en mi conducta. Yo me había comprometido a darles de comer, a ayudarles, en la medida en que pudiera, y a llegar a ser apreciado por lo que era: un señor mayor que, además de darles comida y ofrecerles ayuda, los escuchaba e intentaba comprenderlos.

Así pues, decidí continuar bajándoles comida y acudiendo por las noches para ayudarlos a llegar hasta el albergue como si la lengua viperina de Mich no hubiera soltado ningún veneno.

Mientras regresaba a casa intenté analizar la historia supuestamente fraguada entre ambos y llegué a unas escuetas conclusiones: alguien de Arrels le había contado un día a Mich que yo era homosexual; Mich le había contado a Omar que yo era marica; Omar le contó a Mich que el viejo maricón de las comidas estuvo con él en su habitación, y Mich, inmediatamente, llegó a la conclusión de que el viejo marica le daba dinero a menudo a Omar para intentar ligárselo y que un día que lo acompañó a su habitación aprovechó para follar con él. La intriga estaba servida y yo, la víctima del enredo, solo podía reaccionar de dos formas: una, hacerme el loco y no volver a mencionar esta historia, dejando a ambos con la aventura que hubieran querido inventarse, y otra, hablar con Mich y pedirle que me explicara todo lo que sabía y luego contarle mi versión de los hechos.

Morboso como soy, me moría de curiosidad por imaginar los escabrosos detalles que Omar debía de haberse inventado para contárselos a Mich y los morbosos detalles que este habría ideado. Aunque, dejándome de fantasías, decidí eliminar del menudo bereber borracho cualquier cualidad de fabulador para dejar a la malicia, envidia y fantasía de Mich toda la capacidad para fraguar la trama de esta historia.

Desde el principio supe que algún día caería en la tentación de hacer preguntas, y a la vez sospeché que jamás obtendría respuestas. La mezquindad de Mich lo haría callar, para así seguir manteniendo lo que él llamaba «su secreto» en la retaguardia, y de esta forma poder recurrir a él cada vez que lo creyera conveniente. A mí, la palabra que me vino a la mente para calificar a ambos, «ruin», me resultó demasiado insultante y casi inapropiada.

A menudo me había visto a mí mismo, con un cierto temor, como una voluntariosa Viridiana intentando ayudar por su cuenta a pobres indigentes alcohólicos o tullidos. Recelaba de mi comportamiento filantrópico por lo que tenía de aislado, individualista y voluntarioso. Acogido a un grupo, mi actitud hubiera sido más anónima, sin protagonismo y sin, quizás, esa forzada «amistad», esa especie de «intimidad» alejada de la barrera del anonimato que supondría ser una monja de Calcuta o un voluntario de cualquier asociación. Pero tampoco tenía que exagerar esos temores cayendo en la pusilanimidad. Lo que no supe ver hasta pasados unos años fue el verdadero motivo que me había movido a actuar como lo estaba haciendo. Ni siquiera había llegado a sospecharlo, arrastrado por la vorágine de esas vidas tan alejadas de la mía, a pesar de tener la respuesta allí presente en cada comida que preparaba, en cada visita a los hospitales, en cada empujón dado a sus carritos o en las horas y horas de escucha de sufrimientos, decepciones, mentiras y fantasías. Yo podría haber estado buscando en ellos, sin proponérmelo, el remedio a una soledad que, con la muerte de Alejandro, me había caído encima como un alud, y un día incluso llegaría al convencimiento de haberlo conseguido.

BORRÓN Y CUENTA NUEVA

Aprovechando la ocasión de encontrarme a solas con Mich, mi curiosidad no se resistió y le pregunté quién le había contado que yo era homosexual y qué era lo que Omar le había dicho que había ocurrido aquella noche. Como esperaba, Mich esquivó la pregunta y recurrió a su código de dudosa moralidad, consistente en negarse a revelar los secretos que le contaban. No soltó prenda del relato que Omar le había hecho, y el ladino, en cambio, me pidió que yo le contara mi versión. Podría haberme callado también, como él, y enterrar así una falsa historia que en absoluto debería preocuparme, pero quise continuar con el juego y, tras descalificar a Omar tratándolo de falso y mentiroso —algo que Mich no se cansaba de repetir—, ataqué la historia de base preguntándole si creía que un homosexual al que le gustaban los chicos jóvenes –mentí, ya que a mí, por el contrario, siempre me atrajeron los hombres maduros, pero servía como argumento válido para un homófobo que sin duda creía que a un homosexual viejo debían de atraerle exclusivamente los chicos jóvenes– iba a mostrar el menor interés por un tipo mayor, calvo, sin dientes, enclenque y borracho como Omar. Este retrato de Omar y la versión de los hechos que le conté, sin omitir los más mínimos detalles, no debieron convencerle de que Omar le había mentido porque, para él, Omar seguiría siendo un macho mujeriego y yo un viejo marica, pero sí se dio cuenta de que la trama, que con total seguridad él mismo había urdido, carecía de credibilidad.

Con la intención de echar tierra sobre el asunto, de pronto cambió de tema. Ahora, la única historia referente a Omar que le interesaba era que se había llevado su transistor y no se lo había devuelto. Mis razonamientos no le habían interesado nada en ningún momento porque tenía la cabeza ocupada en el asunto del transistor. No obstante, posteriormente, pretendería coleguear conmigo revelándome unos «secretillos» a los que ya se había referido, como de pasada, en alguna otra ocasión: cuando era joven y tocaba la guitarra, había sido chapero en Ámsterdam, e incluso aquí en Barcelona, había ido a menudo a Sitges y se ponía en donde estaban los maricones y se iba con el que le pagara.

Mich zanjaría el asunto definitivamente cuando un día cualquiera y sin venir a cuento –lo que me sorprendió y me hizo pensar que había estado rumiando aquella historia durante bastante tiempo– me dijo: «De aquello que hablamos de lo que había pasado entre Omar y tú, mejor nos olvidamos».

Siempre me rondaría la pregunta de por qué Mich se había inventado aquella historia. ¿Realmente pretendía chantajearme con ella? ¿Pretendía usar aquel «secreto» que había inventado para tenerme a su disposición, como tenía a Omar, a fin de conseguir de mí los caprichos que se le antojasen? Mich, en el fondo, admiraba a Omar, habían sido colegas durante años en situaciones difíciles y ahora dependía de él. Pero también tenía una cierta dependencia de mí, por lo que le interesaba que entre los tres no hubiera problemas. Envidioso como era, no debió de soportar ver cómo, de cuando en cuando, yo le daba unas monedas a Omar. E incluso podría haber sido ese detalle el que le habría hecho pensar que el viejo homosexual pretendía así conseguir los favores sexuales de Omar.

Al día siguiente, después de llevar a Helga a Vincles, vi a Mich a lo lejos y me pidió que me acercara para darme un abrazo y un beso. Aquel gesto tuvo aires de una especie de reconciliación y vuelta a la normalidad.

OMAR EN UN NUEVO CENTRO DE DESINTOXICACIÓN

Mich estaba solo en su rincón del Sidecar, y nada más verme comenzó a lamentarse de que Omar se había ido a Zaragoza a un centro de desintoxicación. Pero no era su ausencia lo que lo afectaba, sino la desaparición de su agenda, en la que guardaba 79 euros y que Omar se había llevado con él.

Poco después de que me acuclillara junto a él para seguir oyendo sus lamentos, aparecieron Mariadolores y un tipo de corbata, gafas y vistosos ojos azules. Mariadolores comentó riendo que estábamos para hacernos una foto, pero Mich no estaba para bromas y, aprovechando mi presencia, que él debió considerar incómoda para los recién llegados, comenzó a quejarse de que no lo llevaban al médico del oído y la vista. Ellos le explicaron, dirigiéndose más a mí que a él, como Mich esperaba, que habían solicitado cita con los especialistas y tendría que esperar un mes y pico. Ambos se marcharon cuando les dije que ya me encargaría yo de llevarlo a Vincles. Mich tenía hambre y quería una hamburguesa. Decía que en el McDonald's había unas que valían un euro, pero que tenía que pedirles que pusieran mucha mostaza y mucho kétchup. Cuando Mich se la estaba comiendo, pasaron dos chicos muy jóvenes de aspecto extranjero con un carrito en el que llevaban comida. Eran bolsas cargadas de paquetitos bien preparados con cucuruchos llenos de algo que ellos pregonaban como pescado fresco. Decían, en un español precario, que era pescado «hecho con aceite». Se trataba de calamares fritos. Mich cogió dos cucuruchos cuyo interior habían rociado con limón y se los guardó bajo la chaqueta. Por el camino a Vincles estuvo todo el tiempo disparatando sobre el robo de Omar, sobre los médicos y sobre Arrels. Decía que todos tenían miedo (y ponía mucho énfasis en la palabra «miedo») de que le pasara algo. Estaba convencido de que no querían buscarle una residencia, de que no querían llevarlo al médico y de que no querían enseñarle los papeles en donde decía que estaban anotados los días que tenía cita con los médicos.

MENÚ: ALBÓNDIGAS CON PATATAS

La marcha de Omar a Zaragoza, el deterioro de Mich, su permanente séquito de marroquís de los que yo desconfiaba y la dispersión del grupo –Moisés, a menudo, se quitaba de en medio al atardecer– estaban contribuyendo a que la vida rutinaria que hasta ahora había llevado comenzara a saltar por los aires. En mi vida privada sacaba mis trabajos adelante: acudía todo los martes y viernes a dar clase en el Espacio del Inmigrante, estaba terminando de escribir el tercer volumen de mi autobiografía y había estado presentando en diversos lugares los dos primeros libros ya editados; había realizado una exposición en una galería de Barcelona y otra, antológica, en Córdoba; los «novios» seguían yendo y viniendo a su ritmo, y las plantas de la terraza y el balcón crecían gracias a mis continuos cuidados. Pero esta supuesta relación estable con los alcohólicos de la plaza, que aunque pudiera parecer algo superfluo era en realidad una especie de vendaje que de alguna forma taponaba la hemorragia de recuerdos que constantemente amenazaba mi soledad tras la muerte de Alejandro, parecía ahora resquebrajarse.

Karim había tomado el relevo de Omar. Traía a Mich a la plaza por la mañana y esperaba a su lado a que fuera de noche para llevarlo a dormir. Podía tratarse de solidaridad con el primo o quizás de esa especie de seducción que Mich desplegaba entre sus paisanos por su carácter, sus antecedentes y su sagacidad, pero pensé que lo más probable era que su «ayuda» se debiera a diplomacias ocultas de los jefes de Arrels y a estrategias para conseguir, por un lado, la reinserción de Karim y, por otro, a alguien que cuidara de un Mich cada día más dependiente.

Indudablemente yo exageraba y me quejaba porque mi carácter era así, pero, en realidad, ni mi vida en relación con ellos ni la vida de ellos tras la marcha de Omar habían cambiado nada en absoluto. El comportamiento de Karim con Mich distaba mucho de las escabrosas relaciones de amor/odio y dependencias que tenía este con Omar. El trato de Karim era mucho más cariñoso, y no por los lazos familiares sino por su carácter bondadoso y bonachón. Cuando vio que la cuchara con que Mich pretendía comerse las albóndigas con patatas que yo le acababa de llevar se le caía de las manos y yo me apresuraba a recogerla y se la entregaba de nuevo, Karim la tomó por su cuenta y comenzó a darle de comer llevándole la cuchara a la boca y comentando, como en broma, que había que darle de comer así, como si fuera un niño.

Helga, que se había mantenido algo alejada comiéndose su ración, una vez hubo terminado, se acercó resuelta y me pidió que la llevara a Vincles. Cuando nos marchábamos, pude observar en Mich una mirada de reproche y desdén por no llevarlo a él, a pesar de tener allí a Karim a su disposición. Porque Mich era acaparador, envidioso y, sobre todo, caprichoso. Cuando yo estaba a su lado dispuesto a llevarlo a Vincles y aparecía algún voluntario de Arrels, decía, desdeñoso, no que tenía ya quien lo llevara, sino que prefería que lo llevara yo.

Como no quería volverme a casa con el táper de Moisés, al que había visto con los amigos de la plaza del Tripi, lo que indicaba que ese día había cobrado, se lo entregué a un hombre mayor de larga barba que estaba sentado a la puerta de la sucursal de la Caixa de Catalunya a la entrada de la calle Escudellers.

CUMPLEAÑOS DE MICH

Helga ya no decía alborozada «¡Papá Noel!» al verme aparecer. Había observado que ahora, cuando descubría a lo lejos que me acercaba, abría la boca con una enorme sonrisa, se encogía de hombros y lanzaba una risita discreta que mostraba alegría y avisaba así de mi llegada.

A Mich le encantaba hacerme confidencias, contarme «secretillos que no le contaba a nadie», cosa que quizás fuera verdad pero no impedía que yo casi siempre recelara de sus pretendidas muestras de confianza. Esta vez logró conmoverme cuando me reveló el secreto que no le había contado a nadie: el día anterior había sido su cumpleaños. Sin esperar a que hiciera el reparto de las pechugas a la plancha y los trozos de tortilla de calabacín que había traído, me llevó aparte y me lo contó. Yo le di un beso felicitándolo y diciéndole halagador que los cincuenta años le sentaban muy bien, esperando que lo corregiría y me diría, como hizo, que habían sido cincuenta y ocho. Recordé que no hacía mucho me había confesado que tenía sesenta y uno, pero la verdad era que aparentaba tener setenta. Había ido quemando los años demasiado rápido y había tenido mala suerte con las enfermedades. No se me ocurrió comprometerme a hacerle ningún regalo ni él me insinuó, pedigüeño como era, que le comprara algo. Sonreí recordando a Alejandro, que, días antes de su cumpleaños, anunciaba a los amigos que el día 11 era su cumpleaños, y añadía con énfasis: «¡Y se admiten regalos!».

EL PINTOR NAZARIO

Mis clases en el Espacio del Inmigrante eran por las tardes dos días a la semana, justo a la hora de llevarlos a Vincles.

Al volver de clase me los encontré en la entrada de la plaza, en donde había un gran revuelo. Estaban los tres con dos mujeres voluntarias de Arrels. Moisés fue quien mostró extrañeza por no haberme visto en tanto tiempo.

Respetuoso, educado y cariñoso como era, me confesó que había llegado a preocuparse y a temer que me hubiera pasado algo. Decía que Mariadolores lo había llevado por la mañana al Hospital del Mar y el médico le había cambiado la medicación porque la que tomaba ya no le hacía nada, y que era probable que el cuerpo se le hubiera acostumbrado a las medicinas. Por las noches le costaba trabajo dormir, y le aconsejé que le pidiera a su médico que le recetara Orfidal porque yo lo tomaba desde hacía años y me iba muy bien.

Una de las mujeres que ya empujaba el carrito de Mich se dirigió a mí para decirme que sabía que yo era el pintor Nazario y que se lo había contado una compañera que trabajaba en Vincles. Inmediatamente Mich le dijo que prefería que lo llevara yo. Pero súbitamente cambió de opinión y decidió que sería mejor que yo llevara a Helga. Pensé que el sagaz marroquí quería demostrarle a la mujer la confianza y la familiaridad que nos unía, para a continuación regalarse una medalla a la generosidad ofreciéndole mis servicios a Helga. Conociendo a Mich, deduje inmediatamente que todo aquello no había sido más que una cadena de artimañas creada por su agudeza a fin de conseguir ser llevado por aquella chica que había dicho que sabía que yo era un pintor famoso. De esta forma podría informarse de todo lo que la mujer sabía sobre mí.

Helga había cogido la costumbre de pedirme que parara y fuera a la tienda pakistaní a comprarle una Voll-Damm fresquita cuando nos acercábamos al Teatro Principal, frente a la entrada de la calle Escudellers. La primera vez, me entregó un billete de cinco euros que yo rechacé, y a partir de entonces, cuando la llevaba, el frenazo ante la calle Escudellers y el regalo de la Voll-Damm para antes de irse a dormir se convirtieron en costumbre. Cuando llegamos a la puerta de Vincles, por un comentario que me hizo Mich, pude descubrir que había acertado con mis suposiciones y que la mujer le había estado contando durante el camino todo lo que sabía sobre mí.

AVENTURAS EN LAS CLOACAS

La gran noticia del día era que Omar, según los comentarios que Mich había podido escuchar, se había escapado del centro de desintoxicación de Zaragoza. Sonriendo, hablaba de él casi con admiración, como de un héroe que se rebelara, no obstante estar repitiendo constantemente que a él le gustaría que lo ingresaran en un lugar parecido para dejar de fumar y de beber.

En ausencia de Mich, Karim me había estado contando, confusamente, que a su primo le habían robado. No me precisó qué era lo que le habían robado, pero sí intentó explicarme que había sido un robo «de confianza», especificando que era uno de los robos peor vistos por todos ya que el ladrón se ganaba primero el favor de la víctima y luego se aprovechaba de la confianza establecida para robarle. Yo no le hice ninguna pregunta, esperando que me contara más detalles, pero Karim se mostró hermético, sin decir qué le habían robado a quién ni la identidad del «amigo» ladrón.

Helga estaba muy animada chismorreando con un amigo joven, con trencitas, sentado en la silla de al lado con un perro negro atado con una cadena. Les entregué unos vasos con macedonia y me senté en otra silla junto a Moisés, que, enseguida, comenzó a contarme de nuevo lo del cambio de medicación. Moisés, a pesar de su hermetismo, a veces me hablaba de su vida a jirones, como si fuera descubriendo trozos inconexos de un puzle. Se quejaba a menudo de los frecuentes fallos de memoria que tenía y mezclaba anécdotas que habían tenido lugar en el hotel de Suiza en donde trabajaba un tío suyo y en Nápoles, en donde decía que se vivía muy bien en la calle. Como de pasada hacía alusiones a su separación de una mujer de la que no hacía comentario alguno y de unos niños a los que no veía; a la farlopa o los rohypnoles, a los que culpaba de sus penurias y de su deterioro, o a las aventuras que había vivido en Badajoz con un amigo. Recordaba que aquel amigo lo había llevado a dormir en un escondrijo que tenía en unas cloacas. Provistos de cartones, el amigo había abierto la tapa de una alcantarilla que ya conocía y, después de cerrarla, habían descendido por unas escalerillas de hierro. Allí se estaba caliente, y durmieron a pesar de que por los alrededores se oían correr unas ratas enormes. Una vez le mordió una en un pie y tuvo que acudir a que le pusieran la inyección del tétanos. El sistema para controlarlas era fabricar un círculo con los restos de comida que habían recogido en la basura y echarse a dormir en medio.

BUSCANDO A MICH POR LA BARCELONETA

En un principio, en torno a la desaparición de Mich todo eran conjeturas y nadie estaba seguro de adónde podía haber ido a parar o en qué lugar lo habían ingresado los de Arrels. Supieron que a Omar lo habían mandado a Sant Boi y luego a Zaragoza, y alguien creía haber oído decir que a Mich lo habían acogido en el centro de las monjas de la Barceloneta. Mich me había hablado en varias ocasiones de aquella especie de residencia para inválidos en donde él deseaba que lo ingresaran algún día. En una ocasión, hablando con la regidora Gala Pin, estuvo elogiando la labor social que las monjas de aquel centro realizaban con enfermos recién salidos del hospital y no tenían vivienda en condiciones: viejos alcohólicos, expresidiarios y gente mayor marginal. Años más tarde me iría enterando de que algunos de mis conocidos habían pasado allí temporadas por diversas razones.

Confiando en que Mich estaba ingresado en aquel lugar de la Barceloneta, como hacía un magnífico día de primavera y como ya se me había pasado el resfriado que me atacaba con los cambios de tiempo y que, tras varios días sin parar de estornudar y soltar mocos, terminaba por tener que curarme tomando antibióticos, decidí proponerle a Moisés dar un paseo y acercarnos a la residencia para saludar a Mich. No tuve que repetírselo dos veces porque la idea le pareció fantástica. Emprendimos la excursión por el Paseo de Colón y, bordeando el puerto, llegamos poco a poco hasta la playa. Rápidamente logramos dar con el sitio: un edificio grande en cuya puerta ponía OBRA SOCIAL SANTA LLUÏSA DE MARILLAC. Varias mujeres, entre ellas la limpiadora y una especie de «voluntaria oficial», nos saludaron con gran amabilidad. Moisés contó que había estado allí viviendo durante un tiempo hacía ya unos años. El edificio tenía tres plantas y Moisés decía que en la de arriba vivían las monjas, en medio estaban los dormitorios y abajo el comedor, la sala de estar y el recibidor. Había residentes que podían moverse y otros que estaban impedidos en la cama.

Nos acercamos al mostrador para preguntar por él, pero a nadie les constaba que hubiera allí ningún hombre llamado Mohamed o Mich. Nunca había ingresado allí nadie con aquel nombre. Al especificarles que iba en silla de ruedas y que le faltaba una pierna, la limpiadora nos indicó que a ese hombre lo había visto ella varias veces por la plaza del mercado y lo había saludado: sí, era un hombre que iba con un carrito y le faltaba una pierna. Cuando nos acercamos a la plaza del mercado, vimos a un hombre en una silla de ruedas, pero no era Mich. Este estaba muy bronceado, tenía una barba blanca y exhibía el muñón igualmente bronceado. Supusimos que la limpiadora debía de referirse a él.

Aproveché para comprar unas sepias en el mercado y unas pastas en la panadería Baluard que nos repartimos entre los dos. Moisés estaba exultante y nos volvimos a paso lento hasta la plaza. Pensé que tendría que preguntarle a Mariadolores por el auténtico paradero de Mich.

MICH SE HACE CORTES EN LA BARRIGA CON
UNA CUCHILLA DE AFEITAR

No resultaba nada raro que abriera la ventana y, cuando creía que algo había cambiado, que uno de ellos había desaparecido, como un día ocurriera con Mich o como no hacía mucho había ocurrido con Omar, me quedara perplejo al comprobar que todo seguía igual, que los tres o los cuatro continuaban allí reunidos como siempre, pasándose el tetrabrik como todos los días. Ya había oscurecido y con la cámara no acertaba a descubrir si realmente estaba viendo a Mich, que había vuelto, o si se trataba de un intruso. Cuando por la tarde les había bajado comida me había encontrado solo con Helga, que, por supuesto, no tenía idea de adónde podrían haber ido los demás.

Más tarde apareció Moisés diciendo que había estado

en Riereta duchándose y jugando una partida de dominó y un bingo, pero que no había ganado. No tenía hambre, así que le colgué en el asa del carrito su bolsa. No sabía nada de Mich.

Ya de noche, vi que todos se habían desplazado a la otra esquina de la plaza y, evidentemente, el que suponía que era Mich era realmente él.

Al día siguiente, cuando bajé al mercado, estaban todos refugiados en el rincón del Sidecar alrededor del tetrabrik. Le di un beso a Mich, que mostró una gran alegría al verme. Ofrecía un aspecto algo más sano y la corta cura parecía haber dado resultado. ¡Pero había huido! ¡Él también, como Omar, se había escapado! Comenzó a soltarme una larga retahíla de quejas y denuestos contra la gente de Arrels diciendo que «allí», «aquel sitio», era como la cárcel, pero con viejos medio muertos, y que hasta una vieja que dormía a su lado había aparecido muerta una mañana. Había puertas que se cerraban con un botón, rejas y un control que era igualito igualito que los que había en la cárcel, decía. Todo el tiempo no paraba de preguntarse qué hacía él allí dentro con todos aquellos viejos. Lo habían llevado allí engañado, y cuando dijo que quería irse, no querían dejarlo marchar. Ya no podía aguantar más allí encerrado y, a gritos, decía que quería hablar con el jefe de Arrels que lo había llevado hasta allí en coche, para que fuera a recogerlo y lo trajera de nuevo a la plaza. Y como pasaba el tiempo y nadie le hacía caso, comenzó a dar gritos amenazando con matar a una vieja que estaba a su lado si no dejaban que se fuera. Al final, como veía que nadie le prestaba atención, un domingo decidió levantarse la camisa delante de todas las visitas que habían venido a ver a los viejos y comenzó a hacerse cortes en la barriga con una cuchilla de afeitar. Mich se levantó la camisa mostrando orgulloso varios rasguños, por encima del ombligo, de un lado a otro de su blanca barriga. Inmediatamente habían llamado a los de Arrels, que se apresuraron a ir a por él y sacarlo de allí.

Se me ocurrió comentarle que había actuado como cuando los presos se herían los brazos y se cosían la boca para protestar pidiendo una amnistía que los sacara de la cárcel. Mich contó que Karim lo había hecho un día cuando estaba detenido y le pedían doce años de cárcel, pero le pusieron una inyección y, mientras estaba dormido, le descosieron la boca. De todas formas, al final, le habían caído dos años, cuatro meses y un día por un robo con no recordaba bien cuántos y qué agravantes.

Mich, en el colmo de la euforia y quizás de la borrachera, en un ataque de efusividad, no paraba de darme besos y de pedirme que lo abrazara. Le habían quitado aquel sombrero marrón, seboso, como de pescador que llevaba siempre, y ahora se cubría la cabeza con un gorro de lana. Me pidió, como un gran favor, que le buscara un sombrero como el que tenía antes, que él me lo pagaría. Los abrazos y los besos encontraron así su justificación, pero yo, acostumbrado a ese tipo de agasajos imprevistos de algunos novios cuando querían pedirme alguna «ayuda» extra, decidí buscarle una nueva mascota.

Me marché al mercado abrumado por el relato de tantas aventuras y por tanta efusión. Cuando volví con una sepia grande para guisarla con patatas y una mascota marrón oscura con rayas finitas que había comprado en Humana, encontré a Mich acompañado de su primo. Karim iba bastante borracho y me estuvo mostrando algunos trabajos de papiroflexia (un barquito y otra cosa más) que había hecho en los talleres de Arrels con los cartones de los tetrabriks.

Mich estaba leyendo una de sus viejas novelas mugrientas, sobadas, dobladas y como exprimidas, cambiadas cientos de veces. No estaba Moisés y, Mich, levantando la vista de la lectura, me dijo que Omar había ido a por vino y, de camino, seguramente andaría buscando alguna colilla. Me senté en la silla sobre los cartones que Omar tenía reservados, como un cojín, para usarlos indistintamente en el suelo. Le entregué a Mich su táper con albóndigas guisadas, pero estaba apagado y no quería ni comida ni hablar de sus enfermedades; solo quería hablarme de los errores que había cometido, de Arrels y de la situación en que se hallaba por su mala cabeza. Ahora resultaba que se arrepentía de dejar la residencia, de haber montado el espectáculo que armó cortándose la barriga para que lo sacaran de allí y de haber vuelto a beber. Decía que lo habían castigado a dormir en la calle negándole la entrada en Vincles. Estaba claro que todos habían decidido tomar represalias contra él por su mal comportamiento. Querían que se diera cuenta de lo mal que había correspondido a todo el esfuerzo que los de Arrels habían hecho para buscarle una plaza en aquella residencia que, por cierto, no era la que él quería de la Barceloneta, sino una que estaba muchísimo más lejos. Él creía que se llamaba algo así como «Manyeu» y que estaba a una hora y media en coche. Hasta allí lo había llevado personalmente Bob, uno de los jefes de Arrels, en su pequeño vehículo.

Se lamentaba con voz llorosa, como si en mis manos estuviera la solución a sus desgracias, de que él solo era un inválido caído en desgracia al que, en lugar de tratarlo como se debía tratar a los inválidos, lo habían arrojado a la calle como a un perro. Un inválido al que, hasta los de

105

la Fundació Arrels, dedicados casi exclusivamente a cuidar a los más desamparados de la calle, le habían retirado el saludo como castigo por desobedecer sus normas y rebelarse contra su sistema de ayudas. ¡Con lo bien que lo habían tratado todos hasta ahora y, de golpe, parecía que quisieran desentenderse de él y no le permitían ni dormir en Vincles! Sí, él quería ser libre, pero a su edad y con sus enfermedades no quería volver a dormir en la calle y en los cajeros automáticos ni a pedir limosna. El panorama que me presentaba Mich de su situación era bien aciago. En su locura, no cejaba de lamentarse y maquinar venganzas, y me hablaba hasta de denunciar a la fundación por no cuidarlo debidamente y quedarse con el dinero de las donaciones que recibían para, precisamente, cuidar a gente como él. Consideraba que por su avanzada dependencia, sus operaciones y su progresiva invalidez y deterioro, merecía las máximas atenciones. En medio de aquel panorama desolador, su soberbia aún salía a relucir: sostenía que todos deberían cuidarlo con esmero y cubrirlo de halagos para evitar que se les muriese por negligencia o que los denunciase por no atenderlo debidamente. También se consideraba a sí mismo una pieza selecta dentro de una escala de degradación que a la gente de la fundación le debía de suponer casi un reto rehabilitar. Y no cabía duda de que Mich llevaba razón, porque cuidar a viejos que habían pasado la mayor parte de sus vidas encerrados en cárceles o malviviendo en la calle, mentirosos, drogadictos, chantajistas, extorsionadores, prostitutos y, al final, alcohólicos consumidores de vino blanco de a 1,20 euros el tetrabrik no debía de ser tarea fácil. Si a todo esto se añadían las enfermedades y la invalidez, posiblemente no debían de quedar peldaños sociales más bajos a los que descender.

Pero cuando el fullero y caprichoso Mich, que tras llevar a todo el mundo de cabeza insistiendo cansinamente, como solo él sabía hacerlo, diciendo que quería desintoxicarse, curarse y cambiar de vida, había conseguido, por fin, ser escuchado por los de la fundación, que le habían buscado una plaza en un centro de desintoxicación, en lugar de agradecerlo va y los chantajea autolesionándose para obligarlos a que lo saquen de dicho centro. Los jefes de Arrels, contrariados al ver que todos sus esfuerzos por recuperar a la oveja perdida habían sido vanos y que, además, la oveja perdida los insultaba, amenazaba y hasta pretendía morderles, habían decidido condenarlo devolviéndolo a los infiernos de donde lo habían intentado sacar.

Una mañana que me dirigía muy temprano a Pere Camps por la calle Arco del Teatro, me encontré en la puerta de Vincles con Helga y Mariadolores, que le daba un vaso grande de café con leche. Me paré a saludarlas y les dije que quería ir a los Encantes para comprar una manta que me había pedido Mich, porque decía que por las noches tenía frío. Mariadolores le pidió a una mujer que estaba con ella que cogiera una manta y rápidamente la trajo en una bolsa que colocó detrás del carro de Helga. Al mediodía volví a mi casa y me encontré en la puerta del Sidecar a Mich, que estaba comiendo arroz con verduras en un táper de plástico como los que yo solía darles. Dijo que se lo había dado Helga. Junto a él había alguien durmiendo sobre cartones, cubierto por una manta nueva, marrón, y no azul como la que Mariadolores le había dado a Helga. Mich me comentó que el que estaba durmiendo era Omar, pero no «nuestro» Omar, sino otro. Le conté a Mich la historia de la manta que Mariadolores había mandado sacar para que se la dieran, pero dijo que Helga no le había dado nada.

En aquel momento apareció Alfonso, el señor de

Arrels al que había conocido en el hospital mientras visitaba a Mich y al que posteriormente me había encontrado en varias ocasiones. Alfonso se mostró muy extrañado (o simuló extrañeza) cuando supo que Mich no dormía en Vincles. No fue este el que sacó la conversación sino yo, que le mostré mi confusión y curiosidad por saber por qué ahora no dejaban a Mich dormir allí como antes. Alfonso dijo que se informaría y yo me despedí, dejándolos a los dos allí solos, y pensando que tal vez me había entrometido demasiado en los asuntos ajenos, aunque a esas alturas, por mi amistad y desvelos con ellos desde mi especie de ONG privada, me consideraba tan defensor de sus derechos como cualquier voluntario de Arrels.

MICH DUERME DE NUEVO EN VINCLES, PERO SE NIEGA
A DUCHARSE

Estaban a punto de colocar las mesas del Sidecar y desalojar a Helga del rincón cuando bajé y le entregué el táper de sepia con patatas. A su lado estaba Omar con el brazo izquierdo dentro de la cazadora y pegado al costado. Yo aún no me había enterado de que se lo había roto. Omar contó que se había caído bajando unos escalones y se había fracturado el brazo por tres partes, y que en el Hospital le habían dicho que debía tenerlo dos meses enyesado. Se acercó a nosotros el vendedor de rosas pakistaní de amplia sonrisa y espesa barba negra al que un día había invitado a subir a casa. Lo saludé dándole la mano y manteniéndola atrapada durante un rato mientras me la acariciaba con el pulgar. Su insinuación fue tan evidente que vi cómo Omar se daba cuenta y miraba discretamente para otro lado simulando no haber visto nada. Aquel hombre atractivo, que en la cama no valía nada, tenía una enorme cicatriz que le atravesaba el pecho de arriba abajo por una grave operación de corazón, según me comentó el día que nos conocimos.

Mich me dijo que ahora iba todas las mañanas a manualidades en aquel lugar de Arrels que estaba detrás de la gasolinera del Paralelo. Él sabría por qué no había mencionado que le permitían dormir en Vincles de nuevo. Sería Moisés el que me lo contaría, pero sin darle ninguna importancia, ya que a él lo único que parecía preocuparle era que se negaba a ducharse y olía mal. Decía que, tras dormir tantos días en la calle, Mich había acumulado tanta mugre (él decía «roña») que no se podía estar a su lado. No paraba de rascarse porque le picaba todo el cuerpo.

Eran ya las nueve y cuarto cuando bajé corriendo a llevar a Mich al albergue, pero este no aparecía por ningún lado. Acompañé a Helga, y cuando llegamos a Vincles había en la puerta una joven voluntaria que nos informó de que Mich aún no había aparecido. Llamaba a Mich «el gran tirano», y decía quejosa que se negaba con cabezonería a que Mariadolores lo llevara a ducharse y a hacerse las curas en el ambulatorio. Ellas se las hacían allí como podían, pero había algunas que no sabían cómo hacerlas. Mich me había mostrado unas gasas y esparadrapos que le cubrían el extremo del muñón de la pierna que le habían cortado, pero las llagas del culo y las manos eran más difíciles de tratar.

«Hay dos cosas que, por ahora, no me da la gana de hacer —me enumeraba Mich cabreado—: primero, que no quiero volver por Vincles, y segundo, que decidiré ir a Riereta a ducharme cuando llegue la hora.» Conociéndolo, no me molesté en intentar convencerlo para que fuera a ducharse y cambiarse de ropa, y dejé que hiciera, como siempre, lo que le diera la gana.

Preguntarle por Omar era una forma de desviar la

conversación lejos de duchas y caprichos. Me confesó que le daba la impresión de que Omar quería dejar de beber de nuevo. Sentí curiosidad por saber qué había sido de aquel otro Omar, el joven marroquí, y Mich me dijo que se lo habían llevado a la cárcel, en donde tendría que cumplir un año por lo menos por una historia que había tenido en El Corte Inglés. Estaba en busca y captura, y un día lo habían ligado casualmente y se lo habían llevado.

El tarambana Mich, aquella especie de tiranuelo de pacotilla, tras quedar conmigo en varias ocasiones para que lo acompañara a Riereta y luego buscar siempre excusas para no ir, había terminado por hartarme como debió de hartar a Mariadolores, hasta que ninguno de los dos volvimos a mencionarle el tema de la ducha. Pensábamos, conociéndolo, que cuando se diera cuenta de que a nadie le preocupaba lo más mínimo que se duchara o no y de que su comportamiento nos era a todos totalmente indiferente, él solo decidiría coger el camino y se acercaría a ducharse. Porque al caprichoso Mich, como a cualquier niño, le encantaba ser el foco de atención y que todos estuvieran pendientes de él, que le rogasen, que lo buscasen, que lo echasen de menos y que sufrieran por él. Porque como, además de embustero, era un maniático mitómano y un victimista crónico, no pararía de lamentarse hasta darse cuenta de que nadie le hacía caso. El insistir para conseguir algo y el protestar por no lograrlo era lo único que parecía interesarle, más que obtener ese algo que decía desear. Recuerdo un ejemplo de estas veleidades: después de andar protestando porque no podía leer y necesitaba unas gafas nuevas, y tras hartar a media fundación con su runrún y sus erre que erre, por fin habían conseguido una cita con el oculista. El día de la visita Mich desapareció y nadie logró encontrarlo por ningún sitio.

Moisés estaba que no cabía en sí de gozo contándome que una amiga punki los había llevado a él y a la Helga a un concierto de un grupo punk por el mercado de San Antonio, y decía que hacía muchísimos años que no lo pasaban tan bien. Estaban al final, pero lograron abrirse paso hasta colocarse cerca del escenario, y algunos de los que estaban alrededor cogieron las sillas y los levantaron y bailaron al ritmo de la música. Volvieron casi a las tres de la madrugada y temían quedarse en la calle, pero afortunadamente les abrieron la puerta en Vincles.

Moisés siempre decía que lo que más le unía a Helga era el ser los dos muy punkis de toda la vida. A ambos les gustaban las camisetas negras, los piercings, los anillos, las pulseras y los collares «raros». Exhibía con afectación, aparte del lóbulo de la oreja desgarrado por el peso de los pendientes que había llevado, un potente anillo con una calavera de cobre con dos rubíes en los ojos que no cesaba de ponderar diciendo que unas veces brillaban como fuego y otras no se veían y quedaban como dos agujeros. Sin embargo, uno de sus anillos favoritos era una tuerca que había encontrado un día. Se la había probado y, al ver que era de su talla, ya no había vuelto a quitársela del dedo.

No obstante, a veces los dos punkis se peleaban a muerte. En una ocasión fui testigo de una refriega en la que ambos quedaron bien retratados. Una pareja de extranjeros le entregó un billete de cinco euros a Helga, y Moisés montó en cólera indignado por que le hubieran dado el dinero a ella y no a él. Aprovechó para sacar toda la batería de insultos que guardaba para lanzárselos cuando se peleaba con ella, y estuvo a punto de darle una coz al carro, pero debió de contenerse por estar yo al lado. Helga, sonriente, sin perder el aplomo, me alargó los cinco euros para pedirme por favor si podía ir a comprar un tetrabrik, una Voll-Damm y un refresco para mí.

Mich volvió a pedirme si le podía comprar nuevas novelas del Oeste porque ya se sabía de memoria las que tenía. Sospeché que las que le había conseguido en el mercado de San Antonio o las que le había comprado al librero de viejo de la calle Hospital las habría perdido o las habría cambiado por otras. Aunque era fácil localizarlo, él me explicó minuciosamente el lugar en que se hallaba el quiosco en donde vendían y cambiaban las novelas: justo subiendo por las Ramblas, a mano derecha, antes de llegar a la boca del metro del Liceo. Era el quiosco que quedaba al lado de la terraza del café de la Ópera, y el complaciente Nazario se acercó a comprarle algunas. Las vendían plastificadas en lotes de dos, a 1,20 euros el lote. Le compré tres, y cuando Mich se vio con seis novelas nuevecitas, loco de contento, como siempre, me lo agradeció con una tanda de abrazos y achuchones.

Omar continuaba sin probar el alcohol y solo bebía pequeños botes de zumo con pajitas. Hablaba despreocupado de su «fácil» terapia, intentando convencernos a mí y a sí mismo, que a él no le hacía falta que lo metieran en ningún sitio para dejar la bebida, que si se tenía voluntad era muy fácil dejar de beber, y que solo tenía que decir que no cada vez que le pasaran el vino. Llevaba todavía el brazo en cabestrillo tras la caída que sufrió. Había ido al médico y le había dicho que aún no tenía el hueso soldado.

LOS RECUERDOS DEL RUBIO Y LOS MÍOS SE ENTRECRUZAN

Ya hacía tiempo que no veía a aquel tipo delgado, rubio, que a veces venía con una guitarra que prestaba «un ratito» a Mich, uno al que llamaban «el Rubio». Había desaparecido de la plaza, pero últimamente volvía a rondar por ella adosándose al grupo en busca de tertulia. Todos lo rehuían, intentaban zafarse de sus interminables y cansinas peroratas. Decía que iba a ver a su madre todas las tardes y, como le cogía de camino, se pasaba por la plaza para charlar con su colega Moisés. Tenía en el brazo unos redondeles blanquecinos, como si fueran viejas quemaduras hechas con cigarrillos, y rayas que partían de estos, como rasguños realizados con una cuchilla de afeitar. A veces hacía veladas alusiones a la heroína y al talego, pero nunca entraba en detalles, procurando esquivar cualquiera de los dos temas.

El sexo se coló como tema de conversación casi sin venir a cuento, cosa rara. Y no fue el Rubio quien lo sacó sino Moisés, que, quizás animado por la presencia de su colega, al que debía de considerar muy mujeriego, comenzó a lamentarse de lo caliente que estaba, de las ganas que tenía de echar un polvo y de que ni se acordaba siquiera de la última vez que había follado. Al Rubio, pues, le llegó el turno de alardear de una época de su vida en la que se pulía todo lo que ganaba yendo a diario con mujeres.

Fue el Rubio el que comenzó a contarme la pelea que, momentos antes de llegar, había tenido su colega con Helga, pero la cara de enfado que puso Moisés y los insultos que comenzó a largar contra su amiga cambiaron el rumbo del repertorio de historias que el Rubio tenía para referir y, como su tema favorito era hablar de sí mismo,

113

comenzó a contar que volvía en ese momento de los Juzgados, en donde le habían pedido seis meses de cárcel. Contó la peregrina historia de una puta que había llevado a su casa y que luego, la muy guarra, lo había denunciado. Por supuesto, las razones que había tenido la mujer para denunciarlo no aparecieron en el relato. Fue desgranando una ristra de historias delictivas, algo raro entre una gente, pensé, que solía ocultar los delitos que había cometido, limitándose a enumerar someramente los años que había pasado en el talego.

Comenzó rememorando pequeños hurtos de juventud, cuando llevaba una larga melena rubia y circulaba por la plaza y sus alrededores, y por en medio iban surgiendo muchos recuerdos comunes que yo no estaba dispuesto a mencionar, en absoluto. Así habló de las «distracciones» de chaquetas de cuero nuevecitas que conseguía en la discoteca Les Enfants, cuando la gente las dejaba en los asientos para ir como locos a bailar a la pista, y que luego le vendía al Madriles en un bar de la plaza que se llamaba Reixas, al que acudían muchos pulinches a comprar. Cómo iba yo a intervenir y contar que, al vivir arriba del bar, lo usábamos casi de cuartel general para citarnos con los amigos y que yo mismo había comprado en una ocasión una de aquellas chaquetas de las que hablaba, y que, además, aún recordaba que la marca era Marithé François Girbaud, y que el olor del perfume que la impregnaba era tan intenso, algo que yo nunca había podido soportar, que, tras llevarla a la tintorería y seguir oliendo, tuve que tirarla a la basura. Opté por callarme y seguir escuchándolo contar sus historias.

Continuó hablando de los montones de «buenos pelucos nuevecitos» que se conseguían en la época, para pasar a contar historias del Madriles; del Arcadio (del que yo recordaba su aventura con Alejandro tras lograr sacarlo de la cárcel por intervención de un amigo abogado o por sus relaciones borrascosas con nuestra amiga y vecina la psiquiatra Ana Seró); del gallego y su mujer, que llevaban el bar Reixas; del Pepe de la bodega de la calle Rauric, en donde circulaba mucha heroína, o de un bar al que iban muchos «invertidos» (a los que no le gustaba llamar mariquitas), en donde lo miraban mucho porque entonces él, con aquel pelo largo tan rubio y los ojos tan azules que parecía extranjero, llamaba mucho la atención. Y yo, que ya no sabía cómo huir del recuento de anécdotas cruzadas de la vida de ambos, esperaba un respiro en su interminable narración, que no paraba de dar rodeos, saltando de un tema a otro, enroscándose en pequeños detalles y añadiendo nuevas anécdotas de guardias que venían y le pedían la documentación y le decían que estaba detenido y él, que quería aparcar su Vespa en un lugar seguro, y luego en la cárcel...

Al final, Nazario, el curioso masoquista, logró encontrar el respiro que estaba esperando y salió huyendo con cualquier excusa, dejándolo allí solo, porque Moisés ya hacía rato que se había quitado de en medio.

OMAR VUELVE A BEBER

Desafiando el intenso calor que hacía, les bajé unas salchichas que había preparado con mucha mostaza y kétchup.

Estaban sentados al comienzo de la calle del Vidrio, en el umbral libre, alargado, contiguo al ventanal del restaurante Les Quinze Nits, frente a la Herboristería del Rei y la calle de las Heures, en donde solía correr un poco el aire. Entre un amigo gordo y sanote con pantalón corto que charlaba con Helga y Omar había un espacio libre en el que me senté mientras les repartía las salchichas aún calientes. El Rubio ocupaba una silla de respaldo alto lacada de negro que estaba allí abandonada en el rincón junto a unas bolsas de basura.

Nada más llegar me di cuenta de que Omar tenía un roce en la punta de la nariz, posiblemente por una caída, y a su espalda descubrí la presencia de un tetrabrik. Helga agradeció la comida sonriendo y exclamando «¡Olalá, manyare!», y Moisés, que estaba ensimismado en el funcionamiento del transistor que manipulaba, hizo como si desdeñara la comida y me pidió que se la colgara detrás del carrito. Ya instalado, les recordé aquel otro gran umbral, mucho más amplio, cercano al asador de pollos de Los Caracoles, que hasta el verano anterior habían usado como cuartel de verano y en donde también solía correr algo el aire, pero que ahora habían erizado de hierros en forma de sierra para abrir un negocio con un gran ventanal en la esquina. Era evidente que mis batallitas, como las del Rubio, tampoco le interesaban a nadie, ni siquiera a él, que nunca había estado en dicho lugar. Ni a Moisés, enfrascado en el funcionamiento de su transistor; ni a Helga, entretenida con sus salchichas, y mucho menos a Omar, que nada más acercarme al grupo me había dicho que tenía que hablar conmigo y estaba deseando encontrar la ocasión.

Decidí ir a la tienda del pakistaní a comprarles un tetrabrik sabiendo que Omar me acompañaría. No tardó en levantarse y seguirme loco de ansiedad por poder soltarme todo el resquemor que había estado acumulando durante la espera. Empezó a desgranar una cadena de lamentaciones, comenzando por reprobar la conducta de

Helga acusándola de ser una persona «muy mala». Que la noche anterior estaba «la puta esa» hablando con un amigo de su país y tenía en las manos «su» transistor, y que cuando le pidió que se lo devolviera, ella dijo que era suyo, y el alemán, que iba muy borracho, lo había cogido por el brazo malo y se lo había retorcido. Él estuvo a punto de sacar el cuchillo que llevaba siempre, pero pensó que sería peor. Sí, el alemán sí sabía que tenía el brazo roto, porque se lo había contado ella. Omar había acudido al hospital y allí le dijeron que había perdido todo lo que había progresado en la soldadura de los huesos. Le dijeron que no volvería a tener nunca el brazo como lo tenía antes. ¿Qué iba a hacer sino volver a beber?, terminó diciéndome mientras aludía al tetrabrik que yo había visto a sus espaldas al llegar. Casi me hizo pensar que toda su historia no tenía otro sentido que justificarse por haber vuelto a beber y, de paso, pedirme unas monedas. Moisés, sospechando las maniobras de Omar, quiso también sacar tajada de la dadivosidad del viejo de las comidas y, pícaro adulador, en un momento dado, me acarició el pelo con la mano, lo que me hizo pensar que él también quería alguna «ayudilla». Efectivamente, no tardó en exponerme que su transistor, no el de Omar que estaba intentando arreglar, sino el suyo, que sacó de la mochila, no tenía pilas. ¡Eran caras!, puntualizó como una advertencia para que no me llevara una sorpresa. Al final me despedí prometiéndole a Moisés traerle unas pilas que recordaba haber visto por casa.

Un día me contaría Mich la verdadera historia de Omar y el alemán que le había roto el brazo. Omar había sido el culpable, porque había intentado robarle el transistor al amigo de Helga y este lo había derribado de un fuerte empujón. Al caer al suelo se había vuelto a romper el brazo porque el hueso aún estaba tierno y no había acabado de soldarse. Pero el alemán no se lo había retorcido, como Omar decía. Yo pensé que me hubiera encantado oír también la versión de Helga.

A MICH LE QUITAN UN OJO POR UN TUMOR

Como estaba viendo que Moisés intentaba exprimir el viejo tetrabrik oculto en la bolsa de plástico sin conseguir que cayera ni una sola gota, le di a Omar un euro y pico en monedas para que fuera a comprar otro. Cuando se hubo marchado, Moisés comenzó a usarme como paño de lágrimas, papel que, entre otros, yo interpreto a lo largo de toda esta obra, además del de cocinero y filántropo pagano. Tras hablarme fatal de los médicos y pasar por encima de los problemas que tenía con la medicación, de los «grrrl, grrrl» que le hacía el estómago a cada momento y de una confusa demanda que quería ponerles por no acertar nunca con el tratamiento adecuado, llegó por fin al meollo de la lamentación: resultaba que se había comprado un transistor hacía solo unos días y que, tras cambiárselo a Mich por el suyo, había llegado Karim y se lo había robado. Omar volvió con el tetrabrik de Don Simón y, aunque hizo un gesto de cerrarse la boca con una cremallera para no interferir en el relato del lamentador, no pudo mantenerse callado por más tiempo y decidió contar toda la verdad, que consistía en revelar que no era cierto que Karim le hubiese quitado el transistor, sino que se lo había comprado por cinco euros. Ante la evidencia, Moisés no quiso o no tuvo argumentos para replicar y le dio un trago al vino que le había ofrecido Omar, con lo que zanjó la cuestión.

118

A todo esto, Mich había desaparecido. Decían que posiblemente se habría marchado de nuevo a las Chimeneas. Karim quería que le dejara a él las sardinas que había traído, pero creí que sería mejor darme una vuelta para comprobar que, en realidad, se había marchado. Más tarde reflexionaría sobre el silencio que todos guardaron sobre la precaria situación de Mich, su operación y el ojo que le habían sacado, como me contaría más tarde el pobre convaleciente, que, efectivamente, no había desaparecido, sino que se había quitado de en medio de la bulla aislándose en el antiguo rincón de Alibi. Estaba adormilado y tenía un ojo tapado con unas gasas. Sintió una gran alegría al verme cuando le puse la mano en el hombro para que despertara. Quería que le diera no uno, sino dos besos. Confesó casi a media voz, en una especie de lamento lleno de resignación, que lo habían operado y le habían sacado el ojo porque tenía un «temor». Me estuvo hablando largo rato de la operación y de la prótesis que le habían dicho que le pondrían al día siguiente, antes de que se le cerraran los párpados. Sería un ojo idéntico al suyo. Yo me acordé de aquella Silvia, la italiana amiga de Ana Seró, a la que se le caía el ojo cuando se reía y todos teníamos que correr tras él mientras rebotaba por los suelos como una gruesa y extravagante perla. Había venido a Barraquer para que afinaran el tamaño y, sobre todo, para que le cambiaran el color porque se notaban dos tonos muy diferentes entre ojo y ojo.

Por primera vez Mich habló elogiosamente de los de Arrels diciendo que se habían portado muy bien con él. Había estado en una clínica en donde cobraban 460 euros por estar y, cuando lo supo, les dijo que sería mejor que le dieran el dinero a él en lugar de gastar tantísimo en aquella clínica. De pronto cambió el chip y mostrando una enorme alegría me contó que le habían regalado una guitarra. Poco después, al ver que pasaba por nuestro lado un chico con una guitarra en una funda, lo llamó y le dijo que, si quería comprar una guitarra, él tenía una que se la vendía por cien euros, pero que se la podía dejar en ochenta. El chico dijo que tendría que verla.

Mich aseguraba que ahora no bebía y que solo tomaba agua. Le entregué las sardinas y fui al estanco a por un paquete de tabaco que le llevé con un botellín de agua.

LA «TUALET» DE HELGA

Moisés estaba chupando un trozo de papel de plata que mantenía adherido al labio superior. Hasta dos veces creí entender que intentaba decirme que era avecrem lo que chupaba, dudando por las dificultades que entrañaba querer hablar sin quitarse de la boca aquella especie de sello que tenía pegado al labio. Y es que me resultaba insólito el hecho de que alguien chupara el envoltorio de una pastilla de avecrem. A él aquello le encantaba como a un niño una chuchería, terminó diciéndome una vez acabó de eliminar del papel todo el sabor, y añadió que para él, desde pequeño, era un placer exquisito paladear sabores fuertes. En alguna ocasión alguien de Arrels me había comentado que había sorprendido a alguno amorrado a botes de kétchup, salsas picantes o cualquier otra porquería de sabores intensos. Y, efectivamente, el día anterior me había contado Mich que Moisés le había dado un poco de «eso tan picante» que a él le gustaba tanto. Al preguntarle si se llamaba tabasco, me dijo que sí, que siempre llevaba un botecito en el bolsillo, pero que era muy rácano y que casi nunca le dejaba que chupara siquiera unas gotitas.

120

Mich se comió a cucharadas la pimienta en polvo, el comino y la sal que había puesto en el fondo del táper para aliñar los tres huevos duros. A Moisés le había puesto un solo huevo sobre un lecho de ensaladilla bien regado con mayonesa y kétchup. No obstante, él sacaría su botecito de chile picante y lo desparramaría generosamente por encima. Todos se burlaban de Helga porque no paraba en todo el día de ir y venir a «los urinarios», a los que ella llamaba la «tualet». Se la podía ver por allí, por la calle de las Heures, haciendo pipí, como podía, entre unas bolsas de basura y unas cajas de cartón. Esta vez eran las cinco o las seis y todos tenían mucha hambre. Cuando abandonaban la puerta del Sidecar, en donde ya comenzaban a colocar las sillas, todos coincidieron en elogiar la existencia de aquel lugar y la suerte que tenían de que no abrieran hasta la tarde.

Para entonces ya el sol casi se había marchado y podían sentarse junto a cualquier silla, preferentemente frente al Sidecar o allá cerca del bar Glaciar, sillas que ocuparían Omar, Karim o cualquier amigo con ganas de charlar.

Helga volvió de su visita a la tualet con una Voll-Damm fresquita en el regazo que había comprado en la tienda de Raja. Se lamentaba, como excusándose, de que las pastillas que tomaba hacían que tuviera mucho pipi y mucha caca, y mostraba unas bolsas de plástico y unas latas, exclamando con enfado que era igual que un perro, y farfullando algo que dejaba entrever problemas con la policía y amenazas de multas. Me pidió que le guardara la ensaladilla en la enorme bolsa repleta de cosas que llevaba detrás. Mientras acomodaba el táper entre latas vacías de diferentes tamaños y montones de bolsas de plástico, observé que tenía los brazos cubiertos de pequeñas llagas secas, aunque algunas estaban sangrantes por el roce. Esto me hizo recordar los problemas que había tenido en las piernas. Aún andaba el día que la vi con los pantalones remangados hasta las rodillas mostrando al sol las piernas y unos feos bultos en la pantorrilla y un pie, hasta el tobillo, hinchado y enrojecido. También a veces se la veía con los pies vendados. En una ocasión que llevaba vendada una de las piernas, al preguntarle, me contestó que le había mordido un perro. Más adelante, me confesaría que el médico le había dicho que el sol no era bueno para ella.

MENÚ: GUISO DE ATÚN FRESCO CON TOMATE

La verdad es que el guiso que había preparado con los dos bonitos a los que el pescadero les había quitado todas las espinas me había quedado exquisito. Tras la siesta bajé a darles los tres tápers que había preparado. Estaban los tres con Omar y un tipo de Valencia amigo de ellos que fumaba un enorme puro y bebía no se sabía qué de una botella oculta en una bolsa. Mich estaba cariñoso y casi feliz. Helga comenzó a dar buena cuenta de su ración en cuanto la tuvo en las manos y Moisés también se lanzó sobre la comida con avidez. Dijo que tenía mucha hambre porque no había comido nada en todo el día y terminó bebiéndose la salsa que le quedaba mientras comentaba que la comida había sido tan buena que le había dado más hambre aún. Cuando respondí que, de haberlo sabido, le hubiera traído una barra de pan para mojar en la salsa, el insaciable sugirió que era justo lo que se comería ahora. Me acerqué a la Panadería del Pi y le compré una barra. Apurada la salsa de tomate hasta la última gota, sentí una enorme curiosidad por saber con qué pensaba comerse la barra de pan. Mi curiosidad no tardó en ser

122

satisfecha: Moisés me pidió que sacara de su mochila uno de los botes que allí había y comenzó a espurrear churretones de tabasco sobre la barra de pan previamente abierta. Luego lo roció de sal y, con la mano roja salpicada de tabasco, comenzó a dar buena cuenta de aquel insólito bocadillo.

Mich anunció que al día siguiente le quitarían el parche de gasa y le pondrían un ojo provisional. Decían que le pondrían uno idéntico al suyo para que nadie notara que tenía una prótesis. A su lado, en la silla, estaba el libro que Moisés tenía en las manos cuando yo había llegado con la comida. Aunque él no solía leer, decía que lo había estado ojeando y que, al parecer (debía de haberlo leído en la contraportada) se trataba de una novela policiaca sobre un faro, un centro penitenciario para locos y un asesino. Mich, malhumorado, reclamó «su» libro y Moisés, manteniéndolo en su regazo aprisionado entre las piernas, sostuvo que el libro era suyo porque lo había encontrado él y no iba a dejar que se lo apalancara por la cara. Mich, el único del grupo que leía, decía que ese libro parecía no estar del todo mal, aunque, para él, donde se pusieran las novelas de Estefanía ya se podían quitar todas las otras. Todos estuvieron de acuerdo en que Mich veía mucho mejor con el ojo que le quedaba que muchos de ellos con los dos. Ahora que lo del ojo parecía que se iba solucionando, su mayor problema consistía en que había perdido fuerza en los dedos y no podía sujetar bien las cosas y se le caían de las manos. Como yo no le había hecho ningún comentario sobre su nuevo aspecto sin barba, pensando que ni siquiera me había dado cuenta, me llamó la atención sobre aquel cambio y dijo riendo que le habían afeitado la barba porque le había prendido fuego al encenderse un cigarro con el mechero. Omar comentó, haciendo un gesto de repugnancia, que echaba mucha peste y que tuvo que apresurarse a apagársela. La barba de Mich, que cubría su potente mentón, era espesa y cerrada, y aunque la tenía blanca, aún conservaba el bigote casi negro.

MOISÉS Y SUS AMIGOS DE LA PLAZA DEL TRIPI

Mich fumaba un cigarro que le había dado un viejo empleado del Glaciar que lo conocía de cuando tocaba la guitarra. Le había ofrecido tabaco para liar, pero al mostrarle las manos con los guantes negros, el camarero le había liado dos cigarros y le había dicho que le traería un regalo. Guiñándome el ojo con una sonrisa pícara, me hizo señas para que mirase en el asiento junto al muslo. Allí asomaba el cuello de una botella dentro de una bolsa de plástico. ¡Era whisky, y del bueno, Jack Daniel's!, exclamó Mich orgulloso, temiendo que los demás lo descubrieran, pero, a la vez, deseando mostrar a todos el tesoro que poseía para que se murieran de envidia y lamparan por que les permitiera darle unos tragos.

Y ya puesto a hablar de regalos, comenzó a hablarme otra vez del carro nuevo que le habían regalado, un carro de aluminio que no pesaba casi nada. El problema era que, al ser tan ligero, era más fácil que perdiera el equilibrio y cayera al suelo. El que llevaba hasta ahora era más duro porque estaba hecho de hierro, pero tenía una rueda defectuosa por el golpe que le dio un día un motorista en el Paralelo junto a la gasolinera. La moto por un lado, el carro por otro y él y el motorista por otro. No pasó nada y no quiso denunciar el golpe. Ni el chico de la moto ni él se habían percatado de la presencia del otro hasta que chocaron. Aquella mañana también la chica barrendera amiga

124

suya le había rozado un poco la rueda al golpearla con la esquina del arco cuando intentaba no pisar al chico rubio del perro, que estaba tumbado en un colchón pegado al umbral del escaparate de Les Quinze Nits.

Y recordó la guitarra que le regalaron con su funda y todo. Estaba convencido de que un día recuperaría la sensibilidad en los dedos y podría tocarla de nuevo. Por ahora tenía ya su ojo nuevo, aunque no fuera el definitivo. Luego le pondrían otro idéntico al bueno y entonces volverían a graduarle la vista y podría leer bien.

Ahora Mich parecía haberse reconciliado con todos y confesaba que allí, en donde las Chimeneas, estaba mucho mejor. El único problema era que estaba un poco lejos de la plaza, pero siempre había alguien que le echaba una mano y podía darse una vuelta.

Cuando Mich, poniendo cierto malicioso énfasis en lo de «perdido» y señalando con la barbilla hacia la calle Escudellers, decía que Moisés debía de andar por ahí perdido, significaba (como iría descubriendo yo a lo largo de nuestras relaciones) que esa mañana había cobrado la paga que recibía, que rápidamente «esos amigos suyos», como los llamaba Mich, de la plaza del Tripi (el del perro y otros) se lo habían llevado con ellos y que debían de estar por ahí fumando marihuana, colocándose con heroína y esnifando coca; luego Moisés volvería ciego de drogas y sin un duro. Todos los meses ocurría lo mismo. Y menos mal que, según decía, en Vincles le guardaban el dinero, pero, aun así, no tardaba nada en gastárselo todo. Mich aquel día estaba de buen humor y hablaba bien de Moisés, pero cuando estaba de malas pulgas no paraba de calificarlo de tacaño, de «agarrao» y de no soltar un céntimo, aunque lo mataran. Pocos días después, Moisés se lamentaba de que el dinero se le había ido volando y de que a veces no le daba tiempo, no ya de comprarse un transistor nuevo, sino unas pilas para ponérselas al viejo.

HELGA VUELVE DEL HOSPITAL

Helga estaba allí sentada con su pamela rosa junto a las sillas del Glaciar y yo, al descubrir su presencia mirando desde la ventana, sentí una gran alegría al ver que por fin había salido del hospital. Cuando bajé, me apresuré a acercarme y darle un beso. Estaba algo más pálida, pero se había pintado un poco los ojos y los labios. Junto a ella, se estremecía patéticamente un Omar en el colmo de la borrachera, que se mantenía sentado en la silla en un intento dramático por evitar desplomarse. Su aspecto era lastimoso, casi patético: se había colgado encima todo un joyero de bisutería que debía de haber encontrado en la basura o le habría regalado cualquiera: un gran collar de semillas y pequeñas placas imitando esmaltes con dibujos, varias pulseras de cuentas de colores y muchos anillos. Solo lo vería peor el día que se puso una peluca negra rizada que se había encontrado. Con la cabeza hundida en el pecho y cubierto hasta los ojos con la gorrilla, parecía ajeno a todo lo que lo rodeaba. Nadie comprendía cómo podía coger aquellas borracheras tan tremendas bebiendo lo mismo que bebían los demás. Moisés sostenía que, al no comer o comer muy poco, los efectos del alcohol eran más potentes aún. Su aspecto era similar al que presentaría un heroinómano. Omar era el más desvalido de todos. Sin embargo, algún morboso de Arrels aseguraba no comprender que, con lo enclenque que era, pudiese llegar a tener tanto éxito con las mujeres. Y es que Omar, a pesar de todo, era un seductor. Pero sus borracheras suponían para todos un serio problema.

126

Helga contaba, como podía, que había estado en el Hospital del Mar y en el Hospital Clínico y me mostraba sus piernas tremendamente hinchadas bajo unos pantis rojo oscuro.

INVIERNO Y LENTEJAS

Omar dijo con indiferencia, cuando me acerqué a él con la bolsa, sin apenas mirarme, que no sabía adónde habían ido los demás ni le importaba. Sentado en el suelo, andaba empeñado en pelar el cable de unos auriculares para sacar el fino hilo de cobre y meterlo entre el transistor y la pila para alargarles la vida. Era un trabajo minucioso, y sus manos, moviéndose con agilidad, denotaban que estaba sobrio. Aquella habilidad manual me hizo pensar en los trabajos que debía de haber realizado durante años en la cárcel.

Cuando le dije que en los tápers había lentejas con chorizo, butifarra y mucho picante, Omar reaccionó diciendo que se los dejara todos porque quería comer mucho y no beber. Debía de ser verdad su intención de no volver a beber, porque, tras dejarle al lado la bolsa con todos los tápers por si volvían los demás, no me retuvo, como solía hacer normalmente, para pedirme unas monedas, posiblemente para evitar la tentación de correr con el dinero a la tienda a comprar vino. Él mismo y toda la gente de Arrels eran conscientes de cómo el alcohol iba minando su organismo, degradándolo irreversiblemente, pero todos los esfuerzos que hacían, como ingresarlo en centros de desintoxicación y animarlo con promesas de viviendas independientes, así como sus deseos de abandonar la bebida una y otra vez, hasta ahora habían sido inútiles.

Los transistores en los que escuchaban música cuando estaban solos y aún no demasiado borrachos eran el único artículo de lujo y entretenimiento que solían poseer, ¡siempre robados, estropeados, cambiados, perdidos o sin pilas!

Cuando por la tarde bajé para dar clases de español en el Espacio del Inmigrante, los encontré a todos. Moisés dijo que habían estado comiendo con las monjas detrás de la iglesia de San Jaime, en donde antiguamente daban de comer a los pobres antes de abrir el comedor de San Agustín. Decía que no le gustaba aquel sitio de las monjas ni la comida que hacían, pero que tenía hambre. Ninguno hizo mención de las lentejas y Nazario no supo si realmente Omar se las había comido todas o había terminado compartiéndolas con alguien.

LOS BAJOS FONDOS

Hacía tiempo que quería volver a ver *Bajos fondos* de Kurosawa para recordar los personajes que Gorki retrataba en su obra de teatro. Realmente era la versión del japonés la que me interesaba y no la de Renoir ni la propia obra escénica de Gorki siquiera. En los personajes de Kurosawa, y en el sórdido escenario que había buscado para ellos, había un cierto distanciamiento que potenciaba el carácter de cada individuo dándole un mayor dramatismo. Lo que más me interesaba era volver a estudiar el personaje del actor que, con sus constantes borracheras, había olvidado recitar su papel e intentaba constantemente rememorarlo en vano. Llegaba a una frase y la mente se le quedaba en blanco buscando la continuación sin conseguirlo. El actor había atisbado un rayo de esperanza tras oír a un viejo peregrino que, recién llegado para guarecerse de la lluvia, contaba que existía un templo en donde curaban a los alcohólicos devolviéndolos a su antigua «normalidad». Todos los compañeros alcohólicos del actor se burlaban de sus deseos de desintoxicación y, al final, el pobre hombre, incomprendido e impotente, terminaba suicidándose.

Me di cuenta de que las escasas mujeres que aparecían en estas historias de hombres borrachos eran las que frecuentemente salían peor paradas. En medio del grupo de alcohólicos de la plaza, Helga era la más frágil y se defendía, como con una coraza, aislándose en su idioma. Ella no era ni española ni marroquí: era alemana, y los días que tenía la posibilidad de ser escuchada por algún compatriota debía desahogarse y resarcirse de tanto menosprecio, indiferencia y ostracismo. Los otros hablaban con recelo y casi con rabia de esos encuentros. Podían llegar a estar celosos al ver que prefería estar con otros que no pertenecían al grupo. Como los personajes de Gorki, ella cuenta una y otra vez la historia de su vida, el robo del que fue víctima en su piso, de sus joyas, vestidos y muebles, pero nadie la cree y todos se burlan de ella. Helga reacciona encolerizada cuando, recién llegada del hospital, Mich le dice bromeando, con su malicia habitual, que la ve muy mal y que parece que vaya a morir. Helga saca sus garras y le grita que por qué no se muere él; que ella tiene la cabeza muy bien y el corazón muy bien y que lo único que tiene mal son las piernas, no como él, que lo tiene mal todo.

La pamela rosa de Helga estaba por el suelo, achuchada y deformada, aquella pamela que un día le había regalado y que ella, como hacía Alejandro con su gorro pashtun, había ido moldeando, reconvirtiendo y aplastando contra las orejas, durante todo el verano, para protegerse del calor. Ahora, para protegerse del frío que comenzaba, había conseguido una especie de gorro negro de lana, empenachado, con una pequeña visera, como un gorro frigio que le quitaba a la cara la suavidad que le otorgaba la pamela y le daba, en cambio, aires de bruja loca. Estaba muy borracha y su locuacidad le hacía repetir, como una cotorra, «Kein Ding», «Wunderbar», «maribomba» y «aleluya» una y otra vez y algunas frases inconexas en medio de las que se podían distinguir las palabras «profésore», «doctor», cuando supuestamente se refería a mí, y «piso», «robo», «enferma», «dolor», «pipí» y la retahíla, que ya nadie escuchaba, sobre el piso que tenía, el dinero y las cosas que le robaron, o sobre sus enfermedades e incontinencias.

MENÚ: SALSA VALENTINA

La bolsita que contenía tres tápers con tortillas de calabacín y atún pasó desapercibida y quedó allí en el suelo junto a los restos de una enorme pizza con chorizo que acababan de devorar. Mich y Moisés estaban eufóricos, enzarzados en disquisiciones filosóficas mientras Helga los contemplaba satisfecha y risueña desde su atalaya. Aunque la comida que les llevaba ya no les interesara, mi presencia siempre era bienvenida para animar la tertulia. Además, estaba el gran bote de salsa picante Valentina que había comprado en El Corte Inglés para regalárselo a Moisés. Nada más verlo allí en la estantería de las salsas, había pensado inmediatamente en él y en la alegría que le daría al verlo. Le advertí que era una salsa muy fuerte, pero el amigo que estaba con él me señaló una botella pequeña de agua con un líquido anaranjado (en varias ocasiones lo había visto beber de una botella con un líquido de color pa-

130

recido) y me dijo que rebajaba la salsa con agua y que Moisés era tan raro con su gusto por los sabores fuertes que hasta se comía las pastillitas de avecrem.

Mich estaba cariñoso y efusivo, y me pidió que le diera un abrazo que aprovechó para estamparme un par de besos, viéndome obligado a girar la cabeza para impedir que me besara en la boca como pretendía. Era evidente que Mich estaba «mariconeando», porque cuando se le acercó Omar empezó a lisonjearlo diciendo que era como su hermano y le cogió el culo, y luego pretendió continuar la broma intentando agarrarle la polla, pero Omar, dando un respingo, lo evitó diciéndole que aquello solo lo tocaban las chicas.

EL FRÍO

Había comenzado a hacer frío y un fuerte viento los obligaba a guarecerse apiñados en el rincón del Sidecar. Todos habían aumentado las capas de ropa y se cubrían las cabezas con gorros, y Helga se abrigaba las piernas con una gran manta a cuadros. Junto a Helga estaban Omar y la Montse sentados en el suelo. Una Montse muy pasada, mordisqueando un mendrugo como catatónica, con un ojo medio destrozado, con señales de haber recibido un gran golpe. Yo había visto ya hacía años a esta chica a la que llamaban la Montse amorrada a un amigo de ellos que había desaparecido y reaparecido por la plaza en varias ocasiones en indefinidos intervalos de tiempo. Debían de mantener unas relaciones más o menos fijas porque cuando él volvía, cada vez más deteriorado, siempre se les veía juntos. Decían de la Montse que su familia era muy rica y que a veces venían a por ella y se la llevaban, pero volvía a aparecer pasados unos meses. Tal vez era bipolar o padecía alguna enfermedad mental. Su aspecto, aun sin estar borracha, era deplorable, y cuando bebía quedaba tumbada en el suelo durmiendo sobre algunos cartones. Yo creía lo de su pertenencia a una familia acomodada, por algunos comentarios que, en alguna ocasión, había hecho sobre las comidas, diciendo que en su casa las hacían de manera diferente o más refinada, con ingredientes que no estaban al alcance de cualquiera. Casi siempre iba vestida de forma caótica con pellizas, anoraks o gabardinas que ocultaban su figura. Una media melena desgreñada de un color entre rubio y rojizo enmarcaba una cara embrutecida, a menudo sucia. A parte de «la reina», como llamaba a veces Mich a Helga, eran «las mujeres de ellos», incluyendo a las especies de novias de Omar, las que raras veces frecuentaban el grupo. Aquel día había decidido terminar con la caja de langostinos congelados que había comprado hacía ya casi un mes en La Sirena del Raval. Hice un caldo con ellos añadiéndole primero un sofrito y un chorreón de vino de Jerez y luego el arroz. Una vez servidos los tápers repartí dos langostinos desmenuzados en cada uno y un buen chorreón de salsa picante. Salió muy caldoso, como a ellos les gustaba. A Mich le faltó tiempo para contarme que Moisés había estado todo el día preguntándole por mí, por Narciso, por Ignacio o, impotente para recordar mi nombre, por ese señor del pelo blanco que nos trae comida. Era frecuente que la mayoría de ellos no recordara bien mi nombre, lo confundieran con otro o lo pronunciaran mal (solo Helga no se equivocaba porque, casi desde el principio, se había acostumbrado a llamarme «profésore», cuando no «doctor»). Mich quería mostrarle a Moisés, no solo su buena memoria, recordando mi nombre perfectamente (aunque algunas veces se despistara y me llamara Ignacio), sino la gran amistad que nos unía, y su condición de poseedor de secretos y particularidades de mi vida privada. Oportunista y aprovechado, Mich intentó sacar tajada de la intimidad que se adjudicaba y, sabiendo que en un momento así, delante de mí, Moisés sería incapaz de negarle un favor, le pidió que sacara la botellita de picante que guardaba para echarle un poquito a su comida. Efectivamente, como él había supuesto, Moisés se vio casi obligado a dejársela, pero insistiéndole mucho en que no la apretara demasiado. Claro que Mich, que en otras ocasiones se quejaba de insensibilidad y debilidad en los dedos, comenzó a estrujarla con fuerza, sacando un largo chorro que provocó en Moisés un reproche agrio y desconsolado, diciendo que él ya lo sabía, que siempre hacía lo mismo y que por eso no quería dejársela. Yo me moría de risa observándolos.

MAL COMPORTAMIENTO DE MICH

Mientras, indignado, se quejaba de los «hijos de puta» de la residencia que lo habían echado, Mich me mostraba un papel en el que se le comunicaban las condiciones exigidas para estar en ella, las faltas y los castigos. Estaba fechado el 15 de diciembre de 2016 y, tras establecer las reglas que los residentes debían cumplir –como respetar el espacio, respetar a los residentes, voluntarios y profesionales, aprovechar las oportunidades para mejorar el estado de salud y rebajar el consumo de alcohol–, lo acusaban de haber infringido dichas reglas. Decían que tras provocar reiteradamente situaciones desagradables al comportarse de manera inadecuada y perder el respeto que se debe a los empleados de la residencia lanzando palabras groseras,

133

habían decidido castigarlo excluyéndolo de beneficiarse del servicio de comedor hasta el 2 de enero de 2017, y de la enfermería hasta que pidiera disculpas a la enfermera y cambiara su comportamiento hacia ella. Luego le concertarían el horario para realizarle las curas que fueran necesarias. La Montse, que estaba sentada en el suelo, oyó lo que me estaba contando y justificó a los voluntarios de Arrels acusando a Mich de ir siempre muy borracho y de meterse con los demás. Los defendió alabándolos por la paciencia que tenían con todos los que llegaban muy borrachos a la residencia, peleándose unos con otros, metiéndose con los voluntarios y negándose a obedecerlos. Continuó diciendo, sin mostrar indignación y sin dirigirse en ningún momento a Mich, que cuando tenían que lavarles el culo, cambiarles los dodotis y curarles las llagas que tenían de estar todo el día sentados en el carrito, todos callaban y pensaban que aquello entraba dentro de sus obligaciones. Mich se comía las empanadillas de atún con tomate que yo acababa de llevarle sin prestar la menor atención a las palabras de la Montse.

NOCHEVIEJA

Muchas veces Mich me había confesado que, aunque siempre estaba rodeado de toda «aquella gente», en realidad él estaba solo y nada tenía que ver con los demás. Resultaba difícil descubrir si decía la verdad, aunque a mí aquellas palabras me sonaban como una especie de cliché al creer recordar habérselas oído en alguna ocasión también a Omar. Pero, conociéndolo, no estaba muy seguro de si, con aquella pretendida soledad de la que hablaba, no intentaba colocarse al margen de los demás

134

para que lo considerasen diferente y, posiblemente, superior a ellos. A Mich le gustaba inventarse historias con las que denunciar y denigrar a los que lo rodeaban, comenzando por la gente de Arrels y terminando por las tres personas que más frecuentaba. Por supuesto, ya sabía por experiencia que yo tampoco estaba exento de sus maquinaciones y maledicencias. Porque considerarlos a todos ladrones es algo que los ladrones tienen siempre en la punta de la lengua, y cuentan casi todos ellos con cien años de perdón como mínimo. Helga, a su lado, al escucharlo, le golpeó el brazo con el puño y riendo, sabiendo que su amigo no consideraría sus palabras ofensivas, le dijo que siempre estaba hablando mal de todos y que siempre era muy malo con la gente y que él era el mayor ladrón. La lista de los robos se haría interminable y no quería cansar al público, por lo que Mich solo habló de uno: se trataba del robo de una silla de ruedas eléctrica, y el ladrón había sido un tipo con un bulto en la ceja que, con la complicidad de Omar, le había cogido la llave del carrito y se lo habían llevado. Luego, olvidando el asunto de los robos, le dio por mostrar su paranoia metiéndose con la gente de Arrels, a la que acusaba, casi gritando desesperado, de intentar matarlo porque por las mañanas le daban siete pastillas y él pensaba que, si estaba bien, por qué le daban tantísimas pastillas si no era para matarlo y deshacerse de él. Porque, si no le explicaban para qué servía cada pastilla que le daban, era para que no descubriera que estaba sano y no tenía nada. En cambio, por ejemplo, a Moisés, que estaba mucho peor que él, porque por los comentarios que había oído en Arrels tenía el estómago totalmente destrozado y los huesos se les deshacían, hechos polvo, le daban muchas menos pastillas. Aquí Omar creyó oportuno intervenir demostrando sus amplios conocimientos sobre el tema. Lo que le pasaba a Moisés era que tenía los huesos de cristal, los tenía huecos, sin nada dentro, como transparentes, por eso se llamaban huesos de cristal. Y, como el cristal, eran tan frágiles que se rompían con cualquier movimiento. Mucha de esa gente que se caía y se rompía los huesos no se los rompían al caerse, sino que se caían porque se les habían roto los huesos antes. Esta intervención de Omar en absoluto fue tenida en cuenta por Mich, que apenas atendió a sus palabras, como solía hacer cuando hablaba su paisano, siguiendo erre que erre con la historia de sus pastillas y del lento envenenamiento a que era sometido por la fundación para quitarse a un inválido enfermo de encima.

De pronto Mich se acordó del botellín que tenía guardado en el bolsillo interior de la chaqueta y, como si sacara un conejo de una chistera, lo cogió y abriéndolo, le dio un trago para comprobar si realmente era caldo o alcohol. Por la mañana me había sobrado caldo de las patatas guisadas con sepia y lo había vertido con un embudo en un botellín de agua, junto con un chorreón de salsa picante. Le había entregado el botellín a Mich, que se lo había guardado apresuradamente bajo la chaqueta para que no se lo vieran. Omar tenía un culo de botellín con alguna bebida y ambos, cien por cien comerciantes marroquís fulleros, decidieron intercambiarlos. Yo contemplaba la escena muerto de curiosidad por ver el desenlace de aquella especie de pugna entre los dos combatientes avezados. Desconfiando uno del otro, como si de la entrega de un rescate se tratara, se aferraban cada uno a su propiedad temiendo que el otro pretendiera quedarse con ambas. Hábilmente, con un movimiento brusco, Omar agarró el botellín de caldo que Mich no había soltado y al que se le abrió el tapón salpicándole la cara. Siguió un gran escándalo, pues ambos se acusaban de haber tenido la culpa del incidente, mientras yo le limpiaba la cara a Mich con un clínex y Omar, solícito y como excusándose, le limpiaba el guante y la chaqueta. De pronto Mich, de un zarpazo y aprovechando el descuido de Omar, le arrebató el botellín de bebida. Yo me levanté apresuradamente para quitarme de en medio y dejarlos allí a los dos enzarzados en su vida cotidiana. La escena había sido de una tremenda y picaresca sordidez, con aires buñuelescos. No obstante, aquella noche, tanto para mí como para ellos también era Nochevieja.

Momentos antes había pasado un chico con una guitarra metida en una funda y Mich le había pedido que tocara algo para él. Complaciente, el chico sacó la guitarra, muy vieja y castigada, y les dedicó una canción de Nochesviejas y Añosnuevos que iba tocando por las terrazas para conseguir algún dinero.

El primer día del año sería domingo. Los vendedores se instalarían en la plaza, como cualquier otra semana, y expondrían el género por los suelos sobre manteles preparados para una rápida huida ante la llegada de la policía. Ellos seguirían allí observándolos desde algún lugar libre, al sol, y yo cambiaría el viejo calendario colgado en el lateral de la nevera por otro nuevo e idéntico en el que, en lugar de diciembre, pondría enero, y en lugar del año 2016, figuraría el año 2017.

Parte tercera (2017)

PICARESCA

Fue una sorpresa ver que ahora Mich tenía en su poder la radio que el otro día Helga defendía con uñas y dientes de las garras de Omar. No tenía pilas, y el aladino no tuvo que esperar mucho antes que el genio de su lámpara se encaminara a la tienda de pakistanís más cercana y le comprara unas. Cuando volvía, un hombre pertrechado de una buena cámara fotográfica le entregaba a Mich un paquete de Winston. Helga esperó prudentemente a que el fotógrafo se marchara para mostrar sus uñas y reclamar casi a gritos su parte del botín, como habían quedado: medio paquete para cada uno. Mich se resistía, intentando quedarse con el paquete entero y diciendo que ella no había querido dejarse fotografiar y que casi todas las fotos se las habían hecho a él. Luego, mirándome a mí, que acababa de llegar con las pilas en la mano y esperaba el desenlace sin decidirme a entregárselas, comenzó a sacar cigarrillos de uno en uno y se los fue alargando a Helga, que se mantenía a la expectativa, desconfiada y contándolos, esperando a que soltara sus diez cigarrillos. Aguardé a que terminara el reparto, y cuando vi a Helga satisfecha le hice entrega a Mich, en un auténtico juego chantajista, de sus pilas. Luego me marché.

No, no llevaba comida en la bolsa, solo pan y un pack de clínex que comenzaron a pedirme al verlo. Todos querían, y tuve que repartirlos hasta quedarme solo con dos.

La loca joven francesa, una gordita sucia, de gruesas tetas, con dos coletas sobre las orejas y descalza, que revoloteaba por allí como un moscón desde hacía unos días, le ofrecía a Mich con insistencia un vaso de vino que terminó vertiéndole encima. Aunque él estaba ya bastante borracho, no se enfadó porque le derramara el vaso encima, sino porque me había ofrecido un vaso a mí, y le gritó ofendido, como un reproche, que «aquel señor» no bebía. La loca impertinente arrojó el vino al suelo y luego le quitó el sombrero a Mich y jugó un poco negándose a devolvérselo a pesar de que él insistía en que se lo diera. En el fondo comenzaba a gustarle ese juego convertido en una especie de escarceo erótico entre viejo sátiro burlado y ninfa juguetona. Al final ella le colocó el gorro sobre la cabeza encasquetándoselo casi hasta las cejas. Yo me levanté para saludar a Helga, que acababa de llegar preguntando risueña y algo desesperanzada: «¿Hoy no manjare?» intuyendo que ese día, como los jueves en San Agustín, no había comida. Le entregué los dos paquetillos de clínex que me quedaban y me marché.

Algo más tarde contemplé desde la ventana cómo Mich intentaba descolgarse del grupo, casi huyendo de la pegajosa francesa, y se iba solo en dirección al bar Ambos Mundos. Veía cómo se agachaba insistentemente para recoger algo del suelo o intentar, quizás, arreglar una rueda. Pensé en coger la cámara, pero no lo hice. Poco después me apresuré a buscarla cuando vi que Mich perdía el equilibrio y caía al suelo. Llevaba sobre las piernas una especie de anorak blanco que debió de ser la causa de que perdiera el control y cayera, aunque después él me contaría que la culpa había sido de una rueda que no funcionaba bien. La caída no fue violenta, el carro se volcó lentamente y él quedó recostado en el suelo. Hubo un momento largo en que nadie acudió en su ayuda mientras yacía ahí tranquilamente, sin perder el sombrero y recogiendo el anorak, que había caído algo alejado. Una pareja de chicos jóvenes se aproximó, y mientras él le acercaba el carrito, ella se agachó y recogió unas monedas esparcidas por el suelo. Luego se acercó Selcy, el chico pintor de las Guayanas, que reunió algunos objetos desparramados por los alrededores, entre ellos el paquete de clínex.

Mich estaba pacíficamente sentado, de forma que la escasa gente que circulaba lo miraba allí en el suelo como algo normal: un inválido sentado en el suelo junto a su carrito, algo que a mí inmediatamente me recordó un viejo vídeo en el que Alibi, el inválido turco, sentado igualmente en el suelo junto a su carrito, ocupado por Helga, le pedía el yogur que paladeaba ella, probablemente suyo. De pronto una Helga exultante, tocada con una pamela de rafia con una cinta de tela estampada, se levantaba del carrito y, sin abandonar el yogur, se marchaba bailando al son de una música de banda que había empezado a sonar.

Un coche de la policía apareció junto a Mich, aún en el suelo, que ahora estaba rodeado por un grupo de jóvenes. Él, ahora sí, comenzó a hacer teatro medio desplomándose para recalcar su papel de inválido enfermo (no borracho), mientras Helga, impávida, contemplaba la escena desde lejos con sus enormes gafas de sol y la lata de cerveza en el regazo. La pareja de la Guardia Urbana debió de hacerle las preguntas de rigor, luego lo auparon a la silla y se marcharon. Mich, tras aquella accidentada pausa,

143

continuó merodeando por la plaza buscando quizás a alguien que le diera un cigarrillo.

LA «MESÓN» REAL

Solía ser Helga, siempre avizora (cuando no estaba obnubilada), la que daba la voz de alarma exclamando «¡Aleluya, aleluya!», «Appa-Appa» o «¡Mangiare!» cuando veía llegar la comida con el portador. Los demás sonreían y me buscaban con la mirada si no estaban muy enfrascados en sus quehaceres. Si alguno me descubría antes que ella, se le adelantaba diciendo: «¡Helgaaaa: aleluya!». Todos reían y Mich, normalmente, con su afán de monopolizarme, se apresuraba a abrir los brazos de par en par para atraerme hacia él y estrecharme en un acaparador abrazo con algunos sonoros besos.

Un día a Helga se le había ocurrido comentar algo sobre la plaza, llamándola su «Casa Real», y Omar, con sus énfasis y sus alambicados alardes de ingenio, quiso puntualizar: ¡«La casa no, Helga, yo digo: nuestra *Mesón Real*!» Y el dibujante cocinero pensó que cómo se podía llamar casa a una plaza. Ni albergue, ni residencia, ni mucho menos domicilio. Una casa sin intimidad, sin baño, sin cocina, sin puertas ni ventanas. Una casa como un escenario de teatro, con un decorado amarillento de ventanas y balcones vacíos, un decorado que no merecía siquiera una mirada porque los actores circulaban por él como si estuvieran solos, porque ni siquiera había espectadores. Unas palmeras cuyas copas, para ellos, no eran un espectáculo sino una especie de gigantescas sombrillas a cuya sombra podían guarecerse del sol, y unas sillas, ¡eso sí!, unas sillas, ocho, dos en cada rincón, como en

144

cualquier salón, las mínimas, que parecían haber sido puestas por allí para servir de atrezzo. Y por todo decorado una fuente, inútil, como una escultura, un jarrón, un cuadro o una alfombra. Ellos se deslizan con sus carritos por ese escenario como por una pista de coches locos que funcionaran manualmente, agrupándose, alejándose y volviéndose a agrupar. Unos movimientos que van siguiendo los puntos estratégicos de calor o sombra dependiendo de las épocas del año y que, para guarecerse de la lluvia, se veían obligados a sortear todo un entramado de mesas y más mesas ocupadas por turistas y camareros. Era para ellos como una casa de muñecas o como los pisos de la rue del Percebe, con todas las habitaciones, servicios incluidos, a la vista del público. ¿Qué significado tenían para ellos palabras como «intimidad», «vecinos», «comodidad», «higiene», «privacidad» y todos esos conceptos en cuyas reglas basamos nuestra conducta los que vivimos en nuestras casas? ¿Qué era para ellos, por ejemplo, la «convivencia»?

Eran personas anónimas que, procedentes de cualquier sitio, habían ido a parar a este «cualquier sitio» de esta «cualquier ciudad» en donde habían encontrado «un grupo cualquiera de amigos» con los que se habían ido acostumbrando a convivir. Lo único que les unía era su afición al alcohol. Parecía que sus vidas hubieran comenzado con su llegada a la plaza. Casi todos tenían en común, además del alcohol, un pasado oscuro del que preferían no hablar, como presos que convivieran en una cárcel. Tenían conocidos que iban y venían de otras plazas o quizás de plazas de otras ciudades en donde se habían establecido, que entraban o salían de la cárcel.

Mich, que comía un trozo de pan bimbo untado con sobrasada, recibió su táper de albóndigas con patatas, y luego repartí el resto entre los demás. También le hice entrega a Mich de la bolsa con las gorras que le había prometido. Había metido también algunos gorros de Alejandro: un topi pakistaní, unas gorrillas de verano y un gorro rojo de fez que le entregué a Omar ante el enfado del caprichoso y envidioso Mich, que los reclamaba todos para él. Le habría gustado poseerlos, exhibirlos y luego, posiblemente, regalarlos, mostrando así su magnanimidad o comprando a la persona a la que se lo hubiera entregado.

Con el fez en la cabeza, Omar parecía un vendedor de alfombras, o de cualquier cosa, en una casba tunecina. Todos rieron al verlo con él puesto, y Omar reía más que ninguno mostrando su boca «desmantelada» (un adjetivo de Camus que yo había encontrado pintiparado para usarlo, por ejemplo, con Omar).

HELGA SORPRENDIDA EN EL CAJERO

En el rincón de Alibi solo estaba Mich acompañado por un chico joven que también bebía del tetrabrik. Se quejaba de que ahora no veía bien de lejos con el único ojo que le quedaba, especificándome algo tan obvio como que en el otro ojo no había nada. Lo habían llevado al oculista y este le había encargado unas gafas nuevas, pero tardarían más de una semana en dárselas. No, no sabía dónde estaba Helga, pero sí comenzó a contar con resquemor y algo de envidia que Moisés estaba muy bien allí en donde estaba y que había sabido buscarse un «trabajillo», sin precisar de qué se trataba. También habían terminado decidiendo que Helga ingresaría allí en el albergue de las Chimeneas, con ellos, pero a Helga aquello no le había

146

gustado, que estaba muy lejos, y decía que prefería estar en Vincles todo el tiempo que pudiera. Debía de ver amenazada su independencia y su libertad para moverse a su antojo, y pensaría que en la calle Arco del Teatro estaba más cerca de la plaza Real y su ambiente, aunque el albergue ahora estuviese en obras.

Con los dos tápers en la bolsa, decidí buscarla y me encaminé hacia la zona del Cosmos. Había un grupo de extranjeros alcohólicos sentados en el pedestal de la estatua de Pitarra, pero a ella no la vi. Cuando me acerqué a La Caixa para sacar dinero, mi sorpresa fue enorme al verla adosada al otro cajero que estaba en el rincón, junto a la biblioteca de la Pompeu. Cabizbaja, aparentemente inmóvil, era un rebujón negro que me intrigó. Tras unos momentos de duda, sin reparar en mi imprudencia y entrometimiento, decidí acercarme. Helga aferraba una cartilla de La Caixa, negra, sobada, metida dentro de un plástico. Su cara, a pesar de las gafas negras y la especie de bufanda negra con pequeños brillos que últimamente llevaba cubriéndole la cabeza, antes de reconocerme, mostró miedo de ser robada y ocultó como pudo la cartilla, pero cuando descubrió de quién se trataba, la expresión de miedo se tornó, no en una sonrisa, sino en una mueca de sorpresa y desconcierto. Ella sabía que todos conocían sus visitas a La Caixa para cobrar una paga que recibía, pero, que «el profésore» la hubiera pillado allí in fraganti la había descolocado. También cabía la posibilidad de que temiera que, al saberla «rica», dejara de agasajarla a menudo con latas de Voll-Damm y chucherías. Yo decidí reparar el error y actuar como si en lugar de haberla visto frente a un cajero automático con una cartilla de La Caixa en la mano, la hubiera visto en la puerta del McDonald's empuñando una Voll-Damm y, dejándole el táper sobre el regazo, me marché corriedo, casi huyendo.

TREMENDO ENTRECOT EN EL PARALELO

Había ido a Pere Camps para ver al otorrino y a la salida decidí acercarme a las Tres Chimeneas para saludar a Moisés, al que no había visto desde que vivía allí. En la reducida recepción de la llamada Llar Pere Barnés, pregunté por él y me dijeron que debía de estar arriba y que esperara un momento que iban a llamarlo. Al salir del ascensor y encontrarme allí, su cara se iluminó mostrando una gran sorpresa. Nos dimos un abrazo y un par de besos y, como aquello era muy estrecho para charlar, salimos a la calle. En una esquina de la acera de enfrente, los de Arrels tenían un local con unos talleres, y cuando nos acercamos, nos invitaron a entrar para mostrármelo. Unos cuantos viejos se entretenían cortando y plegando unas bolsas blancas estampadas que tenían toda la pinta de ser trabajos realizados en cárceles y centros de acogida de beneficencia. Uno de los voluntarios me mostró unas piezas de vidrio de colores que habían fabricado en un horno que tenían en el interior y que estaban sujetas por hilos para colgar del cuello. Moisés comenzó a hablar de unas pinturas de dragones y una de las chicas voluntarias, al oír que hablábamos de pinturas y del bloc de dibujo y los colores que había prometido darle en varias ocasiones, trajo un papel, una goma y un lápiz para que el señor que acompañaba a Moisés, tras alardear este de que su amigo era un gran artista, le dibujara un dragón «facilito» para usarlo en un esmalte.

Ya fuera del local, y dispuestos a dar un paseo, Moisés me empezó a mostrar alguno de aquellos relojes que siempre llevaba consigo. El que tenía la esfera rectangular, con una correa plateada, no funcionaba, y sospechaba que se debía a que le faltaba batería. Decidimos dar una vuelta para buscar una relojería. Alguien nos indicó que había una por la Ronda de San Antonio. Sin reparar en lo lejos que caía y en que tenía que empujar el carrito, atravesamos el parque y el Paralelo y nos encaminamos hacia la relojería. Yo temía la fatiga que supondría, no solo llevarlo hasta allí, sino traerlo de vuelta a la residencia, ya cansado, empujando aquel carrito que tanto pesaba y cuyas ruedas no dejaban de girar de un lado a otro. Cuando llegamos a la boca de metro Paralelo, Moisés dijo que, para atrás, por las Atarazanas, creía haber visto un día una relojería. No era nada probable, pero pensar que así me evitaba tener que continuar la aventura de llegar a San Antonio me quitó un gran peso de encima. Efectivamente, llegamos a la esquina del Paralelo con Atarazanas sin ver ninguna relojería, pero sí que había un bar con terraza y yo, que estaba cansado, le sugerí que podíamos tomar algo. Como eran casi las dos, aunque allí en la residencia le daban de comer, le dije que podíamos mirar la carta y pedir algo allí, que yo lo invitaba. La carta era infame, por la comida y los precios. La fotografía de un gran entrecot con patatas fritas le puso a Moisés los ojos a cuadritos, aunque objetó que sentía reparos porque valía doce o trece euros. Como estaba dispuesto a invitarlo y llevaba sesenta euros en el bolsillo, pedí el entrecot para él y un pincho de pollo para mí. Cuando le pusieron delante aquel tremendo entrecot medio hecho, como él lo había pedido, Moisés lo contempló detenidamente, relamiéndose como un gato ante aquel festín. Mientras le estaba troceando la carne, chupó con codicia el enorme hueso que, previamente, había separado. Luego regó los trozos de carne con todos los botes de mostaza, mayonesa y kétchup que tenía delante. Terminó dejando la bandeja impoluta, arrebañando la salsa concienzudamente con trozos de pan. Yo acabé rápido, con un poco de repugnancia, los dos pinchos de pechuga de pollo y algunas patatas fritas congeladas.

La exhibición de la camiseta negra que se había comprado, con un gran dragón dorado que le cubría la espalda, dos dragones alargados que le corrían por las mangas y uno más pequeño que mostraba en el pecho, entretuvo la sobremesa. ¡Cómo iba a olvidarse Moisés del reloj! Lo sacó del bolsillo y me lo entregó para que buscara una batería o mirara qué decía de él el relojero. Volvimos a la residencia. Allí en la puerta, aprovechando una estrecha franja de sol, estaba Helga limándose las uñas. Nos acercamos y los dejé allí charlando mientras yo corría para casa a dormir la siesta.

EL OTRO OJO DE MICH

Moisés entraba en la plaza pasito a pasito, literalmente, porque impulsaba el carro con los pies. Calculé que podía haber invertido más de una hora en llegar desde las Chimeneas hasta aquí. Poco después, un poco rezagado, también con enormes esfuerzos, con la cabeza oculta por una gorra negra y casi desplomado sobre las piernas, vi que Mich estaba intentando aparcar en su rincón. Estaba realmente asustado porque temía quedarse ciego. Y solo. Decía que por la tarde lo iban a ingresar en la clínica de La Esperanza para operarle el ojo de cataratas. Él decía, cagado de miedo, que cuando lo operaron del otro ojo también le dijeron que eran cataratas y había resultado ser un tumor, y tenía miedo de que con el ojo que le quedaba

150

ocurriera igual. Intenté darle ánimos, diciéndole que una operación de cataratas era algo muy simple, que era una intervención rápida y que después vería mucho mejor. No quedó demasiado convencido, y allí lo dejé en su rincón, esperando que fuera por la tarde y lo recogieran para llevarlo a la clínica.

LAS RACANERÍAS DE MOISÉS

Era domingo y decidí darme una vuelta por donde las Chimeneas y devolverle a Moisés el reloj. Pregunté por él y por Helga al chico latino que había en recepción y los llamó por megafonía. Ambos bajaron y, tras saludarlos, le entregué a Moisés el cuaderno de papel de acuarela que me había pedido, con un fuerte cartón rígido por detrás, y luego, con un gesto ceremonioso y una sonrisa, le ofrecí su reloj, al que le habían cambiado la batería. Tras exclamar el consabido «qué detallazo» de rigor, me pidió que se lo colocara. Salimos a la calle y les propuse ir a tomar un café a algún bar cercano. Empujé el carrito de Helga camino del Paralelo. En un paredón cercano a la gasolinera, a la sombra, estaba aparcado, solitario y cabizbajo, apoyado en una muleta, un hombre pequeño con barba blanca. No hacía nada ni miraba nada, solo estaba allí como una estatua. Moisés lo saludó cariñoso y pasamos de largo hacia el cercano paso de peatones. Mientras esperábamos, se me ocurrió invitar a tomar café con nosotros a aquel amigo de la residencia. Aceptó sin decir nada y se unió a Moisés. Buscamos una terraza en la que pudieran caber los dos carritos. Moisés y Helga querían cerveza, y el hombrecito cabizbajo, con las puntas de los dedos de la mano derecha color de yodo por la nicotina, pidió un café descafeinado

151

de máquina. Se llamaba José, y Moisés comenzó a hablar con él y a recordar anécdotas de la Cruz Roja, en donde habían estado ingresados un tiempo. José acababa de sufrir una neumonía y decía que, en cuanto terminara de fumarse el tabaco que tenía, dejaba de fumar. Moisés sacó un paquete de tabaco e, ignorando a Helga, le ofreció un cigarro a José. Helga, ofendida, con voz gruñona, le recriminó que no le ofreciera ninguno a ella. Moisés, como movido por todo un tsunami de indignación, ciego de ira, la llamó gorrona y le dijo que fumara del suyo que tenía guardado, que a él no le daba nunca, y que, si no, que comprara, que tenía dinero. Como en otras ocasiones, intenté mediar, y Moisés, viéndose comprometido, arrojó un cigarrillo encima de la mesa. No, no quiero nada tuyo, dijo Helga, y añadió unas frases en alemán en tono agresivo. Él insistió, pero la alemana, despechada y orgullosa, mantuvo su negativa. Poco después, Helga se apartó, y observé intrigado cómo se acercaba a la puerta de varios bares. Cuando nos marchamos descubrí que lo que buscaba era una máquina de tabaco. En la puerta de la gasolinera había una: echó las monedas, compró un paquete y sacó un cigarrillo parsimoniosamente. Y luego, encendiéndolo y dándole una profunda calada tras la que soltó el humo con la fuerza de una chimenea, se dio por vengada.

UNOS MESES PASADOS

Había comprado un par de samosas en mi pastelería marroquí. Supuse que estarían Mich y Helga, pero me encontré con los tres: Helga junto a Mich, y, enfrente, perdido en la música con unos auriculares, Moisés. Tuve que darles las samosas a los dos que esperaba encontrar, y le di un puñado de las cerezas que llevaba a Moisés, que se quitó los auriculares para darme un beso. Mich, como siempre que estaba locuaz, tenía nuevas historias que contar y se dispuso a usarme como radioyente. A veces había pensado si mi cara no mostraría un rasgo específico, una especie de marca por la que determinadas personas locuaces, narradoras contumaces, veían en mí el paciente idóneo capaz de aguantar el aluvión de historias que estaban dispuestas a largarme. Esta vez Mich quería contar cómo, cuándo, por qué y de qué manera la policía se lo había llevado el día anterior tras tener una pelea, de las gordas, con Omar, con el que no pensaba volver a tener relación en la vida. El que ambos hubieran mantenido una discusión en la que Mich había golpeado a Omar en la cabeza con un mechero carecía de importancia, pero que, a raíz de la pelea hubiera acudido la policía y que, cuando le habían pedido los papeles, hubiesen descubierto que estaba en busca y captura desde hacía cinco años y se lo hubiesen llevado a la comisaría, eso no se lo perdonaría jamás. Él había protestado, pero sin pasarse, sabiendo que, en estos casos, lo mejor era no abrir la boca demasiado hasta averiguar qué era lo que querían. Y resultó que al tomarle las huellas se dieron cuenta de que no era el mismo tipo que andaban buscando, y que el otro debía haberle robado la documentación hacía tiempo y la había estado usando como suya. Así que lo habían traído de nuevo a la plaza y le habían pedido disculpas. Mientras se comían las samosas, aproveché para hablar un poco con Moisés. Mich, ya tranquilo, me pidió por favor que le gustaría comer sardinas, que hacía tiempo que no le traía, y yo, como había comprado medio kilo porque pensaba hacer pimientos asados, le prometí que se las traería pasado un rato.

Más tarde, cuando bajé para darles las sardinas, me encontré con que Mich estaba pidiendo dinero para comprar bebida, y comenzó a lloriquearme diciendo que Helga tenía dinero porque había cobrado y él, en cambio, que era el único que no recibía paga alguna, no tenía nada. Le di lo suelto que llevaba: un euro y sesenta o setenta céntimos y las sardinas. Le entregué las suyas a Helga y, como Moisés no estaba, su ración se la di a Omar, que estaba por allí sentado en el suelo con otros dos marroquíes. Se levantó, y tras contarme que ahora no bebía y que apenas si le apetecía comer, que no había comido nada desde hacía un par de días, que le habían dado un bocadillo con quesos buenísimos del que sólo se había podido comer la mitad, me pidió algunas monedas para comprarse un zumo. Me excusé diciéndole que lo sentía, pero que no llevaba nada suelto, sin mencionar que le había dado a Mich lo que tenía para no atizar aún más las ya caldeadas relaciones.

VERANO

Para evitar verme abducido por la caterva que últimamente se reunía alrededor de ellos en el Sidecar, evitaba entrar por la calle del Vidrio y lo hacía por la entrada principal. Mich, al que aún no habían operado, y Helga se habían refugiado en el rincón de Alibi huyendo, ellos también, de Omar y los otros, que estaban ya muy borrachos. Me dijeron que la bebida se la habían quedado «ellos». Aquí surgió el hada madrina que con su varita mágica los consoló diciéndoles que no se preocupasen, que en un plisplás tendrían allí su vino. ¡Claro que fresquito!, les aseguró el hada cuando Mich pidió que, a poder ser, lo trajera bien fresquito.

154

Allí en la antigua pastelería L'Estel –el dueño pastelero, que era amigo mío, se había jubilado tras varios años intentando traspasar la tienda a otro pastelero, pero al final había tenido que renunciar y traspasarle el local a un pakistaní–, el hada madrina, que era generosa, eligió un tetrabrik de Don Simón blanco y bien frío, que era más caro que el Savín o que el Gran Duque. Allí quedaron ambos, felices y tranquilos, con el tetrabrik de Don Simón para ellos solos.

Había comprado sardinas bastante frescas, y caras, pero al menos había encontrado, porque a finales de agosto todas las pescaderías estaban cerradas y no solía haber de nada. La tarde anterior había estado asando unos pimientos rojos y unos tomates. Assad había llegado a recoger el salwar kamees blanco con el que había venido de Pakistán hacía unos meses y con el que quería vestirse para coger el avión de vuelta. Assad era de esos pakistanís a los que no les apetecía nada vivir lejos de su país, separado de sus palomas y de sus perros, y, sobre todo, no le apetecía vivir en una ciudad como Barcelona, en donde se sentía completamente ajeno, no ya por no saber leer, ni escribir, ni los números, ni las horas, ni los días de la semana, ni las paradas de metro ni nada de nada, sino porque lo que le gustaba era el campo, el pueblo y los animales. En vano Alejandro y yo, en los quince o veinte años que hacía que lo conocíamos, le habíamos intentado enseñar, al menos, las horas del reloj: todo había sido inútil. Al parecer existe algo que se llama discalculia o dislexia de los números que le impedía identificarse con ellos. Pero eso ahora no importaba, lo que necesitaba Assad era que alguien le planchara el salwar kamees, muy arrugado por estar mucho tiempo guardado en el altillo dentro de una mochila. Él sabía que así como a Alejandro le encantaba planchar y se lo dejaba impecable, a mí no me gustaba nada la plancha, por lo que pensaba llevárselo a un amigo que había quedado en planchárselo. Había comido pimientos asados, pero no le gustaba el pescado. Cuando Assad se marchaba le di una bolsa con las sardinas fritas para que se las entregara a los de los carritos, que él ya conocía.

Al día siguiente, al pasar a saludarlos me quedé extrañado de que no me dijeran nada de las sardinas. Helga dormía, y a su lado había alguien durmiendo en el suelo, junto a una manta que estaba extendida pegada al muro. Mich estaba contento y locuaz, como siempre cuando no estaba aún muy bebido. Que Omar estaba muy borracho, que tenía una novia nueva y que lo habían vuelto a echar del nuevo piso, esta vez de la Cruz Roja, en donde solo había durado una noche, constituía el meollo del parte del día. Mich decía que no era por criticarlo, pero que estaba claro que Omar tenía que elegir entre emborracharse o dormir en la pensión. Si a él le gustaba dormir borracho en la calle, era problema suyo, terminó diciendo. Y, como una anécdota curiosa, me refirió que el día anterior un joven moreno y fuerte con un bigote grande también les había traído sardinas calentitas como las que yo solía llevarles. Riéndome, le dije que era un amigo mío al que había mandado para que se las diese. Eufórico, me pidió que le diera un abrazo. Olía a colonia. Se lo dije y me contó que lo duchaban dos veces al día: cuando llegaba por la noche y cuando se marchaba por la mañana. Había tenido problemas porque en su habitación había chinches que le habían picado y lo habían cambiado a otra para desinfectarla. La otra habitación era más grande, pero a él le daba igual porque prefería dormir en el suelo. Cuando me marché aún no había regresado Omar con el vino que había ido a comprar con el dinero que habían logrado reunir. A Omar le gustaba dar vueltas a ver qué sacaba por ahí o «buscarse la vida» como él decía, pero no solía alejarse mucho de los alrededores de la plaza. Debía de andar pidiendo cigarrillos y buscando colillas.

ODIOS ACUMULADOS

Repartí la comida entre los tres que había: Omar, Helga y la Montse. El Rubio también estaba por allí y me saludó amablemente diciéndome que les había preguntado varias veces por mí. Yo creía haberlo visto hacía unos días rondando por la plaza, tras haberlo perdido de vista mucho tiempo. Pensé que tal vez se había enfadado con alguien del grupo. Me confesó, poniendo cara de pesadumbre, que había estado casi un año en la cárcel y que lo habían dejado salir para ver a la madre, que la habían ingresado en el hospital. Al final había muerto. Yo le dije, no que sentía lo de la muerte de su madre, ni lo de la cárcel, sino que lamentaba no haber tenido más comida para él. En alguna ocasión me había insinuado que también pasaba hambre. Dijo que era igual, que no me preocupara, que ya se compraría un bocadillo por ahí.

Yo quería escuchar a Omar y le di un poco de cuerda preguntándole por «su amigo Mich». Como esperaba, montó en cólera diciendo que ni era amigo suyo, ni era su paisano ni nada de nada, y que no quería ni hablar de él porque era una persona mentirosa y mala. Ninguno de la plaza quería verlo por allí, y ahora Mich no se atrevía a bajar de las Chimeneas. Intentando suavizar las relaciones, comencé a recordarle que él siempre lo había ayudado y lo había llevado con el carrito de un lado a otro, pero Omar, más encolerizado aún, casi me gritó que si yo creía que, después de todo lo que lo había ayudado, Mich le había mostrado algún tipo de agradecimiento, estaba equivocado, y que, además, siempre lo había tratado como a un criado llegando en alguna ocasión a decirle que él era su esclavo. Y para que viera cómo era en realidad, contó una historia para hundir a su paisano en el oprobio: le había robado hacía unos días cinco euros al chico que se ponía en la puerta de la plaza a pedir limosna de rodillas, con la cabeza en el suelo. Y terminó diciendo que, encima, siempre estaba llamando a la policía acusando a cualquiera de haberle robado. Dominique, que acababa de aparecer, se unió al frente contra Mich diciendo que hacía unos días este lo había acusado a la policía de traficar con droga, y la policía lo había registrado y hasta le había hecho quitarse los pantalones y escupir fuerte para ver si llevaba algo escondido en la boca.

¡A BELÉN, PASTORES!

Era Nochebuena y habían sobrado dos trozos de una pierna de cordero que había estado comiendo con Assad, recién llegado otra vez de Pakistán. Fue una época en la que aguantaba trabajando el tiempo justo de conseguir el dinero (más algo de «ayuda») para comprarse el billete de ida y vuelta y, a veces, solo de ida. Con las patatas y zanahorias que habían sobrado, desmenucé la carne y llené un par de tápers que decidí bajarles a Mich y Helga. Mich me mostró la cinta del hospital en donde había estado ingresado. Decía que ahora pensaban que tenía problemas en la cabeza y que le querían poner una prótesis en la pierna

158

que le faltaba. Aunque yo no di mucho crédito a que le fuesen a poner la prótesis, como no me llegaba a creer la mayoría de las cosas que me decía que le habían prometido los médicos o los de Arrels, porque nunca sabía discernir entre qué era lo que en realidad le habían dicho y qué era lo que él se había imaginado o inventado. Tampoco sabía nunca si era verdad lo que me contaba de alguien, un hijoputa, por supuesto, que lo había tirado del carrito al salir del ascensor en la residencia o de alguien que le había robado algo durante los últimos días.

Helga, envuelta la cabeza con un pañolón negro, podría parecer una pobre vieja si no llevara encasquetado encima un sombrero vaquero que le daba aspecto de vieja loca. Ahora vivía en el piso de la calle del Carmen, al haber cerrado por obras, definitivamente, el albergue de Arco del Teatro. Dijeron que no tenían nada para beber como quien dice que no hace demasiado frío, sin mostrar una gran pena por ello y, sobre todo, sin emplear aquel tono de petición disimulada que empleaban otras veces cuando querían que fuera a la tienda para comprarles algo. Y yo pensé que era imperdonable que, siendo Nochebuena, no tuviéramos vino para celebrarlo, aunque tanto para ellos como para mí el que fuera Nochebuena carecía totalmente de importancia, en cambio el tener vino o no resultaba trascendental. Además, aquella comida requería un poco de vino para acompañarla. Tras abrirles los dos tápers, y mientras Helga comenzaba a comer tranquilamente, a Mich no se le ocurrió otra cosa que meter el dedo con el guante negro dentro de la salsa, que se le derramó casi toda por encima. Sobreponiéndome a una especie de cabreo que me invadió, le aconsejé, armándome de paciencia, que mejor se la bebiera, y cuando volvió a derramársela, me acordé de los maternales consejos de Karim y probé

159

a dársela con una cuchara, pero el viejo caprichoso, y «guarro», se negó en redondo y yo me dediqué a tranquilizarme mostrándome indiferente.

La llegada de Omar resultó providencial, porque dejé de ocuparme de Mich y de la salsa. Omar venía de Riereta, recién afeitado y con un aspecto limpio y cuidado, acompañado del Pola, que le preguntó si yo también era bereber. Omar le dijo que no, mientras a mí, sin prestarles atención, me resultaba imposible apartar la mirada de Mich, que comenzaba a tirar las patatas y las zanahorias por el suelo mientras el Pola, muerto de hambre, se agachaba ni corto ni perezoso, las recogía y se las comía. Helga, viendo el gesto, le ofreció al hombre un poco de lo que le quedaba de su táper. La pierna y la bragueta de Mich estaban llenas de salsa, patatas y cordero. Viendo la irremediable debacle navideña, pensé que una cosa era no celebrar la Navidad y otra tener que sufrirla, por lo que, despidiéndome rápidamente, me marché a dormir.

FINALES DE AÑO

A Helga le daba un poco el sol en la cara. Ocupaba su sitio de siempre, junto al arco, desde donde podía saludar a la gente que pasaba. Solía tener un vasito de plástico en el suelo por si alguien quería echarle algo. Sonreía a los viandantes, que debían de mirarla algo asombrados al verla con sus enormes gafas de sol, su pañolón negro y el sombrero del Oeste de falso cuero encasquetado encima, y sus pulseras y sus manos enjoyadas apoyadas sobre una mantita roja con estrellitas blancas que le cubría las piernas. Alargó la mano y la cara para que la saludara.

Estaba Mich con Dominique y dos hombres más, con

160

aspecto de viejos marroquís, sentados en el suelo. Mich, al verme, se separó del grupo y se colocó aparte, esperándome. Le di el botellín de caldo que le había preparado. Llevaba ropa limpia y repetía el pantalón de tela de toalla de color lila, que debía de gustarle porque se lo volvía a poner cada vez que se lo lavaban, a pesar de estar lleno de agujeros de quemaduras de cigarrillos.

Comenzó a contarme de nuevo que había estado en el hospital y volvió a mostrarme la muñeca con la cinta con su nombre, de la que aún no había querido desprenderse porque le servía de suvenir y de certificado de haber estado ingresado. Cuando le pregunté si había estado en el Hospital del Mar dijo que no, que lo habían llevado al Clínico porque al Hospital del Mar no podía volver desde el problema que había tenido «aquel día». Yo tenía que escuchar sus historias peregrinas con asombro o admiración, sin mostrar incredulidad, aunque unos días antes las hubiera escuchado en una versión completamente diferente. Ahora le dio por recordar que, cuando le habían cortado los dedos del pie, había querido suicidarse. En un descuido de la enfermera, le había quitado una jeringuilla y, cuando la mujer se dio cuenta, él ya se la había clavado en el brazo. Yo intervine, más por interactuar que porque me interesara demasiado aquella aventura que ya le había oído contar con algunas variantes en ocasiones anteriores, preguntando si la jeringuilla contenía algún medicamento. No, qué va, la «overdosis» no era de medicamento alguno sino de aire, porque con el aire la lengua se ponía muy gorda, como un neumático hinchado, y uno no podía respirar y terminaba ahogándose. Daba igual que el relato no continuara y yo me quedase sin saber cómo había terminado aquella aventura del suicidio porque, con las piruetas de la memoria, de pronto pasó a contar que también lo habían pillado fumando porque un amigo que estaba con tuberculosis en una planta superior le había traído tabaco. Mich, aquel día, tenía ganas de hablar y yo, aquel día de finales de año, disponía de todo el tiempo del mundo para escucharlo.

Parte cuarta (2018)

ENERO

Estaba lloviznando. Omar había aparecido y, por supuesto, bebía de nuevo (suponiendo que hubiera estado sin beber el tiempo que llevaban sin verlo). Estaba sentado en el minúsculo escalón de la antigua puerta de Carlos y Luis, y tenía entre las piernas una botellita de agua rellena de vino. Dominique, apretujado a su lado, bebía el resto de un batido de fresa, mientras Helga se acercaba lentamente, pegada a la pared procedente posiblemente de la «tualet» de la calle de las Heures. Les entregué los tápers. Mientras comían, Omar, al ver el pequeño paraguas de los chinos que yo llevaba, comenzó a soltarnos una clase magistral de cómo, durante quince años, estuvo fabricando paraguas en la cárcel de Lérida: los nombres de cada pieza, cómo las confeccionaban y ensamblaban, desde la tela impermeable hasta el puño y cómo, cuando ya habían aprendido, los enviaban a enseñar a otros que aún no tenían ni idea. A los trozos de tela los llamaban «quesitos» y había que coserlos unos a otros hasta tener el redondel, que recibía otro nombre. Luego estaban los que colocaban las varillas y las empuñaduras. También había fabricado parasoles cuadrados como los que había en las terrazas de la plaza.

Mich, aparcado en su rincón del Sidecar, me pidió que al día siguiente le llevara huevos duros, mientras Helga, que había terminado el caldo, rebuscaba al fondo enfadada, gritando que no había carne, que aquello era solo agua y pan. ¡Se sentía estafada! Y es que para ellos las sopas y las verduras no eran comida. Solo era comida lo que llevaba carne o pescado, y ella, como buena alemana, lampaba siempre por una salchicha, una hamburguesa, unas albóndigas y cosas así. Las comidas que yo solía preparar para mí —como ensaladas de tomate con mozzarella, sopa de cebolla gratinada, caldo de puchero, puré de puerro y zanahoria, cardos esparragados o espinacas con garbanzos o gazpacho— a ellos no les gustaban. Casi me veía obligado a comprar albóndigas, salchichas o pollo para ellos porque yo, desde que murió Alejandro, había dejado de preparar muchos de los platos con los que solíamos deleitarnos.

LAS JUSTIFICACIONES

Como me había terminado ocurriendo con las clases en el Espacio del Inmigrante, a las que los alumnos fueron dejando de asistir, las comidas para los alcohólicos de la plaza también parecían haber entrado en declive al terminar desapareciendo los comensales por las causas más dispares, que tenían que ver con los desplazamientos, las enfermedades y las decisiones de la Fundació Arrels.

No obstante, yo insistía y seguía yendo a las clases, aunque solo tuviera un alumno, y preparando las comidas para Mich, Helga, Omar o Moisés, aunque luego las repartiera entre hambrientos desconocidos. Porque durante estos tres o cuatro últimos años los había decidido comprometerme, no a darle comida al primer hambriento que encontrara por la calle o a los hambrientos que acudían a los comedores de beneficencia, sino a esos vecinos inválidos alcohólicos de la plaza. Había resuelto prepararles comida a unos hambrientos determinados con caras y nombres con los que había terminado familiarizándome. Lo que al principio pudo parecer un capricho, poco después se iría convirtiendo en una costumbre, y comencé a mimarlos como si fueran la familia que no tenía. Y no se trataba de darles las sobras de mi comida, ni de hacer más cantidad de comida como si tuviera invitados en casa; la mayoría de las veces les llevaba comidas especialmente preparadas para ellos. Así, por ejemplo, aunque hacía ya tiempo que la carne de pollo había dejado de gustarme, yo sabía que a ellos les encantaba. Un día cualquiera compré cuatro muslos para guisárselos. A mí aún me quedaba un plato de espinacas del día anterior, comida que yo sabía que a ellos no les gustaba. La gran pereza que me daba tener que ponerme a guisar los muslos de pollo con salsa no era equiparable a la que luego me daría tener que bajar los cuatro pisos, buscarlos y entregárselos, porque, parejo al declive de los comensales, iba también el mío.

Bajé con un solo táper para Helga, que era la única a la que había visto aquel día por la plaza. Los otros dos muslos había pensado hacerlos con arroz el día siguiente. Me puse a buscarla y estuve dando vueltas sin que apareciera por ningún sitio. ¡De nuevo me encontraba con el táper en las manos sin lograr encontrar a ninguno de ellos! Cerca de la estatua de Pitarra me abordó un africano enclenque con una cazadora verde loro y unos ojos implorantes diciéndome que tenía hambre y que si podía darle algo para comer. De pronto me vi compensado por el trabajo al imaginar la gran alegría y la sorpresa que se llevaría el chico al abrir la bolsa de plástico y encontrar, cuidadosamente envuelto en papel de cocina, un táper con dos muslos de pollo guisados aún calientes.

Y llegó el momento en que me fui cansando. ¡Claro que había gente con hambre por la plaza y los alrededores que disfrutaría con la comida que de pronto se encontrarían entre las manos sin esperarla! Pero yo me había propuesto preparar comida a diario para ellos, y no para el primero que encontrara por la calle. El tándem que formaban, con o sin Omar, había llegado a constituir una especie de familia a la que me unían unos lazos que se habían ido consolidando a lo largo de los años. Y de pronto, viéndolos a todos «colocados», casi me sentía aliviado, creyéndome libre de la ansiedad que me había llegado a provocar aquella rutina forjada con grandes esfuerzos.

Comencé a plantearme algo que nunca antes, a pesar de la manía por racionalizar mis actos, me había detenido a analizar: ¿qué me había llevado a comenzar, y a continuar hasta convertirlo en costumbre, a preparar comida a diario para esa gente? Y no fue solo cuestión de cocinar comida, servírsela y adiós muy buenas como en un comedor social. Entablé una relación con ellos, y eso hizo que todo fuera distinto. Más que comida, les regalé mi acercamiento, mi solidaridad y mi atención. Me convertí en alguien ajeno a su mundo y al de las asociaciones caritativas, que los escuchaba y les servía de «paño de lágrimas» sin pedirles nada a cambio. Y este comportamiento no fue en absoluto premeditado, sino que fue surgiendo con el tiempo. También pensé que, aunque hubiera pretendido dar marcha atrás en un momento dado, me hubiera sido imposible. Y es que, sin darme cuenta, se había creado una interdependencia difícil de deshacer. Y cuando digo interdependencia posiblemente esté enmascarando mi dependencia de viejo solitario con relación a ellos.

A veces me asaltaba la sospecha de que tenía una especie de complejo de culpabilidad por haber estado tantos años inmiscuyéndome en sus vidas subrepticiamente. No era lo mismo observarlos de lejos que penetrar en el interior de aquella Troya usando como caballo el ardid de la comida. Pero no había sido aquel mi objetivo. En realidad, yo sentía tan poca curiosidad por conocer aquella Troya desde dentro como los turistas por conocer a la gente de los países que visitan. Todos ellos parecían haberse extraviado en un momento dado de sus vidas hasta acabar en aquella plaza como habrían podido recalar en cualquier otra. Yo los había estado observando como se observan los animales de un zoológico. Los había fotografiado, les había hecho vídeos y los había archivado como haría un coleccionista de mariposas exponiéndolas en una vitrina. Aquellos dos mundos, inaccesibles el uno para el otro, me recordaban los mundos diversos en los que me movía yo en relación con mis amantes inmigrantes. Unidos solo por el sexo y el dinero, por más que pretendiera acercarme a su cultura, su religión o sus costumbres, la barrera establecida entre ellos y yo era infranqueable.

Sin el carácter mítico de los hombres llegados de fuera jugándose la vida con el único fin de trabajar y mantener a una familia, estos otros habían llegado a la plaza por vericuetos más tortuosos si cabe porque, a la aventura de arriesgar sus vidas para llegar a este país, se habían unido las sórdidas aventuras de buscarse la vida delinquiendo, tropezando con el alcohol y las drogas, durmiendo en las calles, pidiendo limosna o dando tumbos de una cárcel a otra. Porque estos hombres, ahora mayores e inválidos, habían sido jóvenes con fantasías e ilusiones, debían de haber intentado buscarse la vida de las formas más variadas que se puedan imaginar y fracasado de las mismas variadas formas imaginables. Y si yo no regalaba sexo y dinero a mis amantes por mero altruismo, como una caridad romana regalando su leche a los presos hambrientos, sino que recibía a cambio placer: ¿qué había buscado obtener de estos alcohólicos inválidos a cambio de perder mi tiempo guisando para ellos, casi a diario, durante cuatro o cinco años? Probablemente, en este caso, sí podría haber presente un sentimiento altruista, como debían sentir la mayoría de voluntarios que trabajaban con Arrels o con cualquier otro organismo caritativo. Quizás era filantropía, ese sentimiento teñido de educación religiosa con sus obras de misericordia, de entre las que yo había elegido las de dar de comer al hambriento y enseñar al que no sabe. Y, aun así, creí llegar a descubrir un día que todo aquel revuelo empático, visto con distanciamiento y sometido a un análisis detenido, se había originado a raíz de la muerte de Alejandro y como consecuencia de una soledad que me había caído de golpe tras treinta y seis años de convivencia.

De pronto comprendí que todo había surgido de una manera automática como un sistema de defensa y readaptación que algunos llaman resiliencia. Como ocurría con mis amantes, a los que entregaba sexo y dinero a cambio de placer, la compensación que había obtenido de este escuálido grupo de alcohólicos inválidos, a cambio de la comida, había sido un quehacer, una compañía, una especie de calor, un alivio a mi soledad. El que luego me viera enredado por el fuerte carácter, las zalamerías y las embaucadoras aventuras y añagazas de aquel personaje que, en algún momento, consideraría digno de la imaginación de un Cervantes, un Conrad o un Buñuel, como era Mich, hizo que me volcara en describir estas andanzas en las que sobrevolaban la miseria, la enfermedad, el alcoholismo, los deseos de desintoxicación y la solidaridad.

170

Tanto la decisión que tomé un día de dar de comer al grupo de alcohólicos de la plaza como la de dar clases de español a los inmigrantes en aquel local okupa tuvieron un comienzo caótico e incierto. Eran tareas en las que me aventuraba sin unos planes definidos. En ambos casos posiblemente actuara movido por mi carácter vehemente, anárquico y solidario. Y, sobre todo, individualista. Siempre estuve convencido de que, por ejemplo, a la liberación no se podía llegar colectivamente si antes el individuo no conseguía liberarse a sí mismo. Lo de predicar con el ejemplo me pareció siempre algo elemental y básico. Tanto en mis primeros trabajos en el mundo de los cómics como en mi vida pública procuré sacudirme mis antiguos prejuicios, saldar cuentas con un pasado castrador y patriarcal y mostrarme lo más libremente posible como en el fondo creía que era o, al menos, como quería ser.

El comienzo caótico de estas dos empresas en las que me inmiscuí no podía tener otro final que no fuera igualmente caótico. La situación de aquel local ocupado dentro de una finca ocupada estaba en la cuerda floja entre amenazas de desalojo, asambleas, intentos de manifestaciones y proyectos de nuevas ocupaciones de espacios más amplios y seguros. Yo funcionaba completamente al margen de todos ellos, viéndome a veces por allí en medio como algo completamente ajeno y casi superfluo. Mi nula participación en reuniones, asambleas y concentraciones, y el ser español, cuando, al parecer de los que supuestamente movían los hilos, todo allí debía ser autogestionado por inmigrantes, hizo que me fuera sintiendo cada vez más fuera de lugar. Los alumnos no acudían o lo hacían esporádicamente, lo que me hacía pensar que aquello se había agotado. Un día desaparecieron definitivamente para instalarse en un nuevo edificio ocupado del que nadie me indicó la dirección ni yo me preocupé de averiguarla. Recuerdo con gran cariño a Lamine, senegalés que luego se convertiría en enlace sindical de los manteros.

CUANDO CADA BESO TIENE UN PRECIO

Mich volvió a aparecer por la plaza, no con regularidad, sino esporádicamente. Su presencia allí, ahora, no por sus ingresos en hospitales, sino por su nueva residencia en el albergue de las Chimeneas, era impredecible. Debía depender de alguien que quisiera empujarlo del Paralelo a la plaza y luego llevarlo de vuelta, lo que supondría para cualquiera un largo recorrido y un gran esfuerzo. Vendría buscando un «antiguo ambiente» que no existía allá por las Chimeneas, ni en el grupo de alcohólicos estacionados en la Rambla del Raval, en donde sí podían tener cabida Omar o Helga, pero en donde sus manías de autoritarismo y sus prerrogativas de viejo jefe no pintaban nada.

Volviendo del mercado me encontré con Helga, que estaba en la entrada de la plaza, y me acerqué a darle un beso. Me mostró la piel de las manos hecha casi una llaga, con las venillas destrozadas, llenas de heridas y de esparadrapos. Sonriente como siempre, me soltó su monserga llena de «no pasa nada», «bomba» o «no alcohol» mientras me mostraba un pequeño botellín de agua que, a esas alturas, resultaba difícil saber si contenía realmente agua o Savín.

Omar apareció haciendo grandes aspavientos de alegría al verme y me informó de que ahora dormía en un albergue en la calle del Carmen en donde lo obligaban a entrar a las nueve y salir a las ocho y media. Con él llegaban el francés Dominique, siempre tan educado, y, tras él, el joven guapo de la perilla, dueño del perro atigrado, que, tras presentarse diciéndome que se llamaba Montand, me alargó una botella de Soberano, de aquellas de la red roja, llena de un líquido oscuro que podía ser coñac o cualquier otra cosa, y que yo le devolví indicándole que no bebía. Intentando halagar al dueño y entablar una conversación, le pregunté por la edad del perro, y obtuve esa rápida racha de informaciones que suelen dar los dueños de los perros cuando se les pregunta por ellos. Lo elogió orgulloso, como si intentara vendérmelo, diciendo lo sano que estaba, lo tranquilo que era y, mostrando su musculatura, dijo que tenía año y medio. A mí, que no entendía nada de perros, se me ocurrió ponderar el brillo del pelo, que denotaba lo bien alimentado que debía de estar, comentario que llegó a emocionar al dueño al comprobar que, por fin, alguien se daba cuenta de su brillo y de que este respondía a una buena alimentación. Mostró su emoción efusivamente dándome dos sonoros besos en ambas mejillas que no me dejaron indiferente, porque noté como los labios abiertos y jugosos del chico me transmitían una corriente eléctrica. Nunca me dio por pensar que, a aquellas alturas, todo el grupo ya sabía que el viejo de las comidas era homosexual. Cuando, a continuación, el chico me pidió unas monedas para alimentar al perro, de pronto me entró la sospecha de que, para mí, comprador de besos, aquellos también habían tenido su tarifa. Me excusé diciéndole que había prometido darle a Omar las monedas que llevaba, pero Omar, desprendido, o sabiendo quizás que el dinero iría a una especie de fondo común para comprar vino, dijo que él no las quería y que se las diera al chico.

Había visto por la plaza a Mich con Helga y les había estado haciendo fotos desde la ventana. Mich llevaba una chistera negra de copa algo cónica y ala corta de la que emanaban unas greñas largas y grasientas que caían como a jirones casi hasta los hombros, recordando a personajes de Balzac o de Goya. Pero lo que más me llamó la atención fue la uña del pulgar de la mano derecha, pintada de un rojo bermellón. Más tarde le contaría a Omar que había visto a Mich con una uña pintada, y este me estuvo contando, riéndose mucho, que era la moda y que, según el dedo que llevase la uña pintada, tenía un significado diferente, como estar casado, separado o enamorado. Sin parar de reír hasta llegar al final de la broma, terminó diciendo que la uña pintada del pulgar quería decir «imbécil». Ambos sabíamos que Mich llevaba la uña del pulgar pintada. Casi como precio por el chiste, me pidió que le diera algo para bebida y le entregué una moneda de un euro. Al ver la moneda solitaria, cuando en otras ocasiones iba acompañada de calderilla (al menos veinte céntimos más para el tetrabrik), comentó, por primera vez, que era muy poco, pero, casi como avergonzado, no insistió en que le diera más y se marchó dándome las gracias.

Ahora habían vuelto a reunirse todos entre las dos arcadas junto al Sidecar. Incluso me encontré con Moisés por en medio de la plaza cuando se encaminaba a reunirse con ellos. Decía que estaba bien allí por las Chimeneas, pero que aquel barrio era muy aburrido y prefería la plaza. Quedaba lejos y le costaba trabajo y tiempo llegar. Decía que había venido a ver a la «peña». Le comenté que ahora había días en que no aparecía nadie por la plaza y que, últimamente, ya no hacía comidas porque las últimas veces que había bajado con ellas todos habían desaparecido como si se los hubiera tragado la tierra. Tenía la cara muy morena de estar todo el día al sol allí en el parque. Normalmente salía a dar una vuelta con Mich o con algún otro compañero. Habían vendido el local donde estaba el taller de la esquina, en donde se entretenían haciendo manualidades, y le habían dicho que habían abierto otro por la calle Ancha, cerca de la plaza de Medinaceli. Al final Moisés también tasó su charla en unas monedas para tomarse una cerveza.

EL VERANO DE HELGA POR LA RAMBLA DEL RAVAL

Cuando me dirigía a la peluquería pakistaní de la calle Carretas, casi frente a la iglesia románica de San Pablo del Campo, al pasar por la Rambla del Raval, Helga me avistó desde lejos y me saludó con la mano. Estaba allí sola y me acerqué a darle un abrazo. Como llevaba la máquina pequeña le pregunté si quería que le hiciera una foto. Esbozó una media sonrisa y miró indecisa, a mí y a la cámara, pero el fotógrafo sabía que alentaría su coquetería y su aceptación haciendo un gesto indicándole que se pintara los labios, y ella cayó en la trampa y sacó una barra de un bolsito que, tras examinarla, no acabó de gustarle. Sacó otra, y con esta, aunque era de un color casi imperceptible, se pintó los labios con esmero y luego posó sonriente.

Por allí andaba el grupo de alcohólicos barbudos de aspecto un poco agresivo a los que apenas había mirado al pasar. Algo más adelante me encontré con Omar que, evidentemente, estaba con el grupo y, al verme con Helga, se había acercado para saludarme. Contó que ahora le daban comida en las Chimeneas, donde estaban Moisés y Mich, con la ventaja de que podía llevársela y comérsela en la casa cuando le apeteciera o repartirla con algún amigo. También andaba por allí el guapo chico del perro atigrado. No hacía mucho había estado haciéndole bastantes fotos en la plaza, un día que jugaba con el perro y luego se peleaba con una chica que también jugaba con el perro.

OMAR Y SUS RETÓRICAS

Solo habían transcurrido un par de días cuando volví a pasar por la Rambla del Raval, que estaba solitaria dado el calor que hacía. Esta vez fui yo, sabiendo ya que Helga debía de andar por allí, quien descubrió a lo lejos su presencia y, antes de acercarme a ella, compré una lata de Voll-Damm y un par de empanadillas de pollo en la tienda marroquí. Su aspecto era deplorable. Sus brazos al sol estaban llenos de pequeños trocitos blancos de tela o papel que debían de cubrirle las llagas, pústulas o úlceras que tenía últimamente por las manos y que se le habían extendido por los brazos. Lo de los trocitos blancos es un decir, porque todo su brazo era un auténtico enjambre de moscas que ya ni siquiera se molestaba en espantar. Estaba cerca de un banco en donde había un par de jóvenes de aspecto marroquí. Inmediatamente guardó las empanadillas en una especie de bolso y la cerveza en otro. Tenía sobre el regazo un botellín que aún debía de contener vino.

Yo me estuve preguntando todo el tiempo qué tipo de prenda podía comprarle para que se cubriera los brazos y evitar las moscas sin que le diera calor. Se me ocurrió que le podrían ir bien unos manguitos de tarlatana o de tul. Las mallas que usaban en enfermería, que cortan en trozos y aíslan, serían una buena solución, pero pensé que le darían mucho calor.

Al día siguiente me pasé por la tienda de Humana de la calle Hospital. Estuve mirando unos blusones de amplias mangas y escogí uno blanco de fino algodón semitransparente. Con una cerveza me dirigí a donde sabía que estaría y la encontré medio dormida, pero al acercarme, se movió y entreabrió los ojos. Cerca de ella había un grupo de alcohólicos entre los que andaba enredado Omar, al que no había visto. La saludé y le di la blusa, y Helga, tras desplegarla y echarle una ojeada sin mostrar demasiado interés, volvió a doblarla delicadamente y la guardó en una bolsa. Una chica menuda de cara redonda que acababa de llegar y se había sentado detrás de Helga comentó que ella le había traído algo para los brazos a fin de evitar lo de las moscas, pero que no había querido ponérselo.

Rápidamente fui abducido por Omar, que me cogió del codo y me condujo hacia una tabla a modo de banco en la sombra. Allí se dispuso a soltarme su ya pobre discurso, un discurso que había perdido interés al carecer de ningún tipo de novedad que contar como no fuera hablar de algo tan obvio como la paulatina desaparición de todo el grupo de la plaza. Discurso-excusa con el que pretendía compensar las monedas que esperaba recibir. Sostenía la endeble teoría de que la desaparición del grupo de la plaza se debía a que él ya no aparecía por allí, pero estaba seguro de que el día que se decidiera a ir todo volvería a ser como antes. Posiblemente pensaría, y podía ser que casi acertara, que el viejo de las comidas, ahora, sin aquel grupo de comensales, se sentía solo, e intentaba hacerme creer que, gracias a él, todo podía volver a ser como antes. No pude reprimir una sonrisa al escuchar sus lisonjeras palabras, pensando que aquella desbandada era irreversible y que los dos lo sabíamos. La prueba evidente era la presencia de ellos tres allí, en la Rambla del Raval, y no en las arcadas de la plaza. La policía debía de sentirse aliviada por aquella inesperada limpieza. En la plaza solo quedaría el Pola, que, como un cuervo negro, errante, lanzaba gritos, alaridos o graznidos desde que asomaba por Escudellers (posiblemente procedente de la plaza del Tripi), hasta que intentaba adentrarse en la plaza, de donde era rápidamente barrido por los urbanos. Omar contaba que justo aquella mañana le había estado lavando la cara al Pola, que la tenía toda llena de sangre reseca. Seguramente se habría caído o le habrían pegado, le comenté. Le habían pegado, me contestó Omar.

Para mantener la conversación, le pregunté por Karim, y me dijo que se habían peleado; él le había dicho que era como Mich, que tenía la misma mala sangre, y Karim le había tirado el vino a la cara. Recalcó varias veces que era igualito que Mich como el colmo del menosprecio. Y todo por razones que apenas llegué a entender, referentes a la propiedad de una colilla. No, Omar, como Moisés, tampoco podía ver a Mich, e insistía, con su pesada retórica, que como él había algunos, pero como Mich había millones. De Mich siguió diciendo que era esa clase de persona mentirosa, mala gente que hablaba bien de alguien cuando estaba delante, pero en cuanto volvía la espalda, no paraba de insultarlo. En cambio, él era diferente. Aunque no tuviera estudios, era inteligente y tenía cultura y sabía hablar y, sobre todo, decía siempre la verdad, y lo que tenía que decir lo decía siempre por delante. Según él.

ÚLTIMO DÍA CON HELGA

Al recordar la última imagen de Helga sentí una gran tristeza. Estaba sentada dormitando junto a Omar en la

Rambla del Raval. Aunque aún hacía calor, ella se cubría las piernas con una especie de colchita-trapito encima de los pantalones. Se ocultaba la cabeza y a menudo la cara con la misma pamela marrón oscura, mugrienta, de alas onduladas que llevaba ya hacía tiempo. Le habían cubierto los brazos con unas mallas de vendajes tupidas, los vendajes de las curas que le practicaban a diario en las llagas, que le limpiaban y a las que le aplicaban cremas, según me contaba Omar. Ella parecía ausente, sin ganas de hablar. A Omar, que estaba bastante borracho y con signos de haber dormido en la calle, le quedaba un culito de bebida en el botellín de plástico, y Helga se aferraba a su perenne lata de Voll-Damm, que mantenía medio escondida entre las ropas. Yo estaba seguro de que el coqueto de Omar se sentiría halagado si le comentaba que lo había visto unos días antes por la plaza con unos pantalones blancos cortos, de esos modernos por las rodillas, impecables. Lanzó una risa de satisfacción diciendo que eran unos pantalones muy bonitos, que estaban muy limpios, que justo aquel día se había duchado y se los había acabado de poner.

Sabiendo que aquella situación no debía alargarse demasiado, me metí la mano en el bolsillo, de donde arrebañé dos o tres euros en calderilla y se los ofrecí diciéndole que comprara una Voll-Damm para Helga y vino para él. Admirado y lisonjero, dijo que allí había dinero de sobra, y le dije que se guardase el cambio para más tarde. Dijo que ahora compraba en el supermercado Caprabo, en donde los precios eran mucho más ajustados que en las tiendas de los pakistanís. Me levanté para acompañar a Omar hasta el supermercado y me despedí de Helga para siempre.

Llevaba unos días queriendo darme una vuelta por las Chimeneas para saludar a Mich y Moisés y por fin me había decidido a hacerlo. Además, ahora que había muerto Helga, la visita era obligada. Hacía pocos días que me había encontrado con Omar y la Montse en las Ramblas y, tras los efusivos saludos del marroquí, me contaron que Helga había muerto en el hospital hacía tres días. Se lo había dicho Mariadolores. Que los últimos días, en la casa de la calle del Carmen, tenía muy mal color, la cara blanca, y que no hablaba casi nada, pero seguía pidiendo que la bajaran a la Rambla. Viendo su mal estado, los de Arrels llamaron a una ambulancia y se la llevaron al Hospital del Mar. Les contó también que en el hospital había pedido que le dieran un cigarrillo, pero nada más: ni de sus últimos días, ni de la muerte, ni de si había venido algún familiar o de quién había asistido al funeral.

Para mí, perezoso y nada aficionado a dar paseos, moviéndome solo cuando lo exigía mi guionista, que no era demasiado exigente (ir al mercado, al Corte Inglés de la plaza de Cataluña, acercarme al Raval y poco más), llegar hasta el Paralelo y atravesarlo suponía toda una proeza. Y, sin embargo, solo consistía en salir de la plaza, atravesar las Ramblas y recorrer la calle Conde del Asalto, no demasiado larga, hasta el final, y ya estaba en el Paralelo. Pensé que los encontraría a los dos en el desangelado parquecito. Estaba desierto porque aún hacía sol. Me sentí atraído por las flores de unos arbolitos que, al acercarme, comprobé que eran hibiscus de delicadas flores blancas con un toque cárdeno.

Allá, en la calle de la residencia, al lado de la empalizada de un recinto para jugar niños o perros, estaban los dos con un joven. Todos expresamos una gran alegría de volver a vernos, y los besos y abrazos apretados demostraron el largo tiempo de ausencia y, en secreto, la aflicción por la muerte de la amiga. Yo no quise decir nada, esperando que ellos hicieran de mensajeros, como les correspondía, de la mala noticia. Así pues, Moisés comenzó a decirme, aproximándose a mí confidencialmente, que tenía que darme una «ingrata» noticia: que la Helga había muerto. Claro que intenté representar el papel del que no sabía nada, y me mostré afectado y curioso por saber cómo había ocurrido todo. Pero ellos no dieron muchos detalles, demostrando así que, o no sabían ninguno de su muerte, o no tenían interés en entrar en ellos. Mich hizo como que se santiguaba (él, musulmán), refiriéndose a «la pobrecita», que no sabía que iba a ser la primera en morir. Luego, como panegírico, creyó oportuno volver a contar, pero a grandes rasgos –porque sabía que todos conocían aquella historia que él había convertido en cliché–, cómo se habían conocido en Ámsterdam y luego habían quedado en encontrarse en Torremolinos hasta terminar en la plaza. Él tocaba la guitarra y ella bailaba y recogía el dinero, y la mayoría de las veces tenía que llamarle la atención porque se lo apalancaba todo y decirle que le diera la mitad a él, que también trabajaba.

Aprovechando un paréntesis, apresuradamente, Moisés tomó la palabra sin intención de soltarla. Mich rezongó un poco diciendo que Moisés hablaba mucho, pero se calló prudentemente. Me senté en el suelo sin prestar atención a ninguno de los dos, contemplando con disimulo, arrobado, al chico que estaba con ellos: un joven rubio, fuerte, guapo, con el pelo rapado y una cresta en lo alto de la cabeza, pantalones ajustados marcando paquete y polo igualmente ajustado mostrando fuertes pectorales y provocativas tetillas. Estaba sentado sobre una enorme bolsa que parecía que iba a reventar y una mochila igualmente rebosante. Yo lo había saludado al llegar con un escueto «hola» dirigiéndome rápidamente hacia mis amigos, y no lo había perdido de vista en ningún momento. Mich parecía más saludable y bien alimentado que antes, pero continuaba llevando aquel sombrero negro de media copa que le daba aires de enterrador del Oeste. Sus manos estaban más limpias y más fuertes. Decía que al día siguiente lo llevaban al hospital a ponerle una nueva prótesis en la pierna y estaría un par de días ingresado. Siempre contaba esas historias, pero él no se enteraba muy bien de por qué lo llevaban al hospital y cuánto tiempo lo tendrían allí retenido. Resultaba que también, como siempre, le habían robado la prótesis que le habían puesto. Tenía una novela sobada que leía ayudándose con una lupa. Moisés llevaba colgando los auriculares y decía que sin la música no podía vivir.

El chico rubio era discreto y guardaba silencio, pero su sola presencia era como una larga conversación que me conturbaba. Parecía estar incómodo con las zapatillas, y cuando abrió la bolsa para sacar otras, metió dentro unas calzonas de flores de colores suaves que yo, para halagarlo y animarlo a que contara algo, le dije que eran muy bonitas. Él lo reconoció, pero volviendo del revés los bolsillos mostró que estaban totalmente negros mientras explicaba que era por culpa de las colillas que recogía y guardaba. Moisés intervino diciendo que a él no le gustaba coger colillas porque sabían mal, como a polvo o tierra, pero el chico, como excusándose, dijo que, si no había otra cosa, no tenía dinero y quería fumar, tenía que aguantarse con lo que hubiera. Sacó seis u ocho calzoncillos, jactándose de que algunos de ellos eran de Calvin Klein, y contó que se los había dado una señora a la que se le había muerto un hijo más o menos de su misma edad. La mujer tenía montones de cosas que quería darle, pero él le dijo que se las diera otro día porque no podía cargar con tanto peso. También sacó de la mochila dos viejas paletas de pingpong. Mich comentó que le gustaba mucho jugar y que se pasaba todo el tiempo entretenido jugando en las numerosas mesas que había distribuidas por el parque. En un momento dado el chico hizo referencia a una narcosala de una calle determinada dando por sentado que todos sabíamos de qué lugar se trataba. Se sacó el polo y mostró un torso impecable, marmóreo, perfecto, sin un defecto, musculoso, pero no en exceso. Comenzó a dar vueltas correteando por los alrededores.

Había llegado el momento de hacerles entrega a ambos de los paquetes de Winston que llevaba de regalo. Tan solo Mich abrió el suyo, y le ofreció un cigarrillo al chico. Al cabo de un rato Moisés nos dejó boquiabiertos al preguntarme si por casualidad no tendría por los bolsillos alguno de aquellos cigarros que solía llevar siempre encima. Todos lo miramos interrogantes y sorprendidos, y él comenzó a excusarse por su mala memoria cuando le recordé que acababa de darle un paquete, pero la sorpresa general fue aún mayor cuando, pasado un rato, no se sacó el paquete del bolsillo, posiblemente para no tener que invitar a nadie. ¡Claro que me acordé de aquel incidente con Helga, cuando no quiso darle un cigarrillo en el bar del Paralelo!

Busqué un tema de conversación y saqué a relucir los problemas que, según me había contado Omar, tenían los pisos de la calle del Carmen en donde había vivido Helga. Habían prohibido entrar con bolsas de ropa o mochilas, y solo les dejaban hacerlo con la ropa que llevaban puesta, y allí los obligaban a ponerse una especie de pijamas para dormir. Fue el chico el que respondió, quejándose de que había una plaga de piojos y bichos y que, al parecer, creían que esta era la única forma de evitar que se propagasen.

Y ya decidido a hablar, el chico comenzó a lamentarse de los problemas que tenían con la policía. Según él, estos se mostraban cada día más sagaces descubriendo los nuevos trucos que usaban los que intentaban robar, vender drogas o colocar las cosas que robaban.

Para mí resultaba inevitable relacionar a aquel chico con los hombres de Genet, cuyo *Diario del ladrón* me había puesto a releer y había terminado abandonando algo empalagado por su lirismo. Me preguntaba qué tipo de vida había llevado aquel chico con toda aquella belleza y aquella juventud. Siempre sospeché que todos los hombres jóvenes que a menudo veía rodear a aquellos amigos alcohólicos, por no hablar de los mayores, debían de tener un pasado turbulento con habituales ingresos y salidas de la cárcel. Ellos no necesitaban hacer confidencias sobre los lugares de donde procedían ni sobre la vida que allí habían llevado, ni el tiempo que habían estado ni, por supuesto, la causa por la que los habían encerrado. Solo referencias esporádicas, sobreentendidos, alusiones veladas a lugares en los que muchos de ellos ya habían estado, a amigos comunes...

Mich dijo que se marchaba porque tenía que ayudar a fregar los platos o cualquier otra actividad en la que quería colaborar con los voluntarios, algo con lo que, conociéndolo, seguramente querría tratar de extraer algún beneficio. Moisés comenzó a recriminárselo, reprochándole que lo hiciera: que era un aprovechado y que solo pretendía lamerle el culo a la directora para conseguir algo que él ya sabía lo que era. Pero Mich se marchó tras darme un fuerte abrazo, y me recordó que le había prometido invitarlo un día a comer sardinas. Le había dicho que buscaría un restaurante por los alrededores donde las hicieran a la plancha y los invitaría. Moisés debía de haberle contado, por supuesto, aquella vez que lo había invitado a comer aquel tremendo entrecot. Un entrecot que, para despertar la envidia de Mich, debió de ser mucho más grande, más bueno y más caro de lo que realmente había sido.

A partir de aquel día, Mich, sus historias y sus sardinas desaparecerían de mi vida definitivamente.

UN DÍA DE NOVIEMBRE: ENCUENTRO CON OMAR

Omar había llegado a ser como un pequeño residuo de aquel pequeño círculo con el que me había estado relacionando durante años. Era el único hilo que aún me unía a ellos y, como me lo encontraba a menudo, me mantenía un poco al día del estado de los supervivientes. No es que de pronto hubiese desaparecido de las calles de Barcelona la enorme y vistosa miseria en forma de pordioseros, gente durmiendo en cualquier rincón o inválidos impulsando a duras penas sus carritos. De hecho, no hacía mucho había pasado por la puerta de Vincles y, al preguntarle a una voluntaria si aún dormía allí gente, esta me miró extrañada ante mi ignorancia y me dijo que, tras haberse terminado las obras, aquello había vuelto a ser el albergue que siempre había sido.

Omar decía que los guardias le habían repetido ya en varias ocasiones que no querían verlo por la plaza. Ni por el Raval tampoco. Cuando nos encontrábamos, los ojos le brillaban siempre de alegría, pensando, seguramente, en el regalo que esperaba recibir. Ahora, como los encuentros eran tan esporádicos, yo había engrosado la propina dándole cinco o seis euros. Él, a cambio, me contaba aquellas historias que sabía que me podía apetecer escuchar: sobre él y los amigos. Y me hablaba de la «pobrecita Helga», que

185

siempre le quitaba los transistores chillando que eran suyos y que no paraba hasta que se veía obligada a dárselos. Contaba que había estado en el funeral y no había aparecido nadie de la familia: ni siquiera los hijos. Solo Mariadolores y algunas personas de Arrels. Decían que ella quería morir y ser enterrada en Barcelona. No quería, de ningún modo, volver a Alemania.

O me hablaba de Martín el Pola, que era muy buena gente pero que estaba muy loco y chillaba mucho cuando se emborrachaba. Además, no quería ni lavarse ni cambiarse de ropa. Hacía pocos días lo había llevado de nuevo hasta Riereta para que se duchara y se había vuelto a escapar. Él no lo iba a obligar, pero intentaba convencerlo de que era mejor que se duchara de cuando en cuando. Era como cuando Mich se negaba a ir a Riereta a ducharse y todos se quejaban de lo mal que olía. Pero Martín, además, las pocas veces que había aceptado ducharse, había vuelto a ponerse otra vez la misma ropa sucia sin aceptar la ropa limpia que le ofrecían. ¡Y eso que podía escoger entre un montón y nadie lo obligaba a ponerse una u otra! Tampoco a la Montse le gustaba ducharse ni cambiarse de ropa. Ahora, desde que vivía en el mismo piso de la calle del Carmen en donde había vivido Helga, tenía mejor aspecto, y decía que comía todos los días en el comedor de las monjas de San Agustín y que siempre llevaba en el bolsillo un panecillo con algo y comía cuando tenía hambre.

Al despedirme le pregunté a Omar por Mich y Moisés, y me dijo que sospechaba que Mich tenía un cáncer de hígado, porque había oído comentarlo a los de Arrels. No le hice esperar más y le alargué un puñado de monedas que tenía en el bolsillo.

Parte quinta (2019)

MICH MUERE EN FEBRERO

A veces mi amiga Teresa me intentaba sacar de mi encierro y, con la excusa de dar un paseo, a lo que ella es muy aficionada, aprovechábamos para contarnos historias, hablar de amigos, de cultura o de nosotros mismos. Aquel día Teresa propuso dar una vuelta por el puerto, pero como se trataba de caminar y yo hacía tiempo que deseaba acercarme al parque de las Chimeneas para saludar a Mich y Moisés, no tuve que hacer muchos esfuerzos por convencerla del cambio, ya que, además, ella los conocía a los dos. Eran las once y pensamos que aún podían estar en la residencia. Los que atendían en el pequeño mostrador y la gente de la limpieza que había por allí no sabían nada ni de uno ni de otro. Al cabo de un rato, cuando ya nos disponíamos a dar otra vuelta para buscarlos, apareció una de esas señoras menudas y grises de Arrels que nos comunicó que Mich había muerto la semana anterior a consecuencia de la intervención que le habían practicado para extirparle un cáncer (como había dicho Omar), y que Moisés podía estar en la plaza o en una placita más alejada. Me enteré así de la muerte de Mich, casi como si lo hubiera leído en una esquela mortuoria.

Volvimos de nuevo y dimos una vuelta por la zona de skaters, junto a un pabellón de deportes, en donde un grupo de grafiteros tapaba las pinturas anteriores para realizar las suyas. Hicimos fotos y volvimos a la placita, en donde nos encontramos con Moisés y un tipo en una silla de ruedas junto a un banco en el que descansaba el enorme perro atigrado del chico de la plaza. A Moisés le dio alegría verme y me saludó eufórico, y también a Teresa, con toda la galantería que solía usar con las mujeres. Saludamos al tipo que estaba con él, que debía de tener unos cincuenta años, serio, pulcro, vestido con ropas oscuras de una gran sobriedad, y que mostró toda la desconfianza que un tipo paranoico, y rebosante de un orgullo del que no pararía de alardear en sus posteriores comentarios, podía ostentar. Dio la impresión, dada su insistencia en no querer hablar ni decir su nombre, ni el del chico del perro por el que le había preguntado yo a Moisés, de que pensaba que podíamos ser de la policía, de Arrels o espías de la KGB de incógnito. Su desconfianza rozaba la impertinencia y un oculto deseo de ser rechazado para así justificarla.

En una de esas conversaciones triviales llenas de perogrulladas que suelen entablarse entre personas desconocidas con las que no se tienen elementos comunes a los que recurrir, intenté darle a entender que la confianza se ganaba con el trato y que la amistad dependía del comportamiento, no de una persona, sino de dos, y que se necesitaba un tiempo para crearse. Me había sentado en el banco, junto al perro, que trató de lamerme y hacerme cariños hasta que conseguí que se apaciguara y se tumbara a mi lado. Sí, era el perro de aquel chico rubio, guapote, de aspecto carcelario, con un corte de pelo que indicaba que hacía algún tiempo había llevado una cresta, que frecuentaba la plaza jugando con él y al que a veces acompañaba una chica rubia, atractiva, también con aspecto de pincho-ta. Moisés dijo que al chico acababa de llevárselo la policía a la comisaría por estar en busca y captura, y que ellos, que no sabían qué podía tener pendiente y cuánto tiempo podrían tenerlo retenido, habían decidido, hasta que volviera, cuidar del perro y de una bicicleta de colorines que había por allí cerca. Como recordaba haber visto a Teresa en un par de ocasiones llevando a Helga a Vincles, entabló inmediatamente una conversación animada con ella mientras yo me dispuse a soportar toda la desconfianza y mala sangre del otro inválido. Su monserga consistía en repetir que nosotros no sabíamos nada, que qué íbamos a saber de la vida de ellos, que qué pintábamos allí, que los de Arrels le estaban estafando, que con su vida –incluyendo los años de calle, de cárcel, del grave accidente que había sufrido, la silla de ruedas y muchas cosas más que no quería contarme– se podría escribir un libro y que, para ser amigos, debía tener algún detalle con él porque toda la ayuda que recibiera sería poca.

Afortunadamente Teresa tenía que marcharse y, al levantarnos para despedirnos de ellos, le alargué disimuladamente a Moisés un billete de diez euros que al otro, avispado, no se le pasó por alto y le pareció un gesto de ayuda apreciable, aunque no fuera él el beneficiario. Cuando nos marchábamos, Moisés me llamó para decirme que tenía unas fotos de Mich que me daría la próxima vez que nos viésemos, y yo le recordé que tenía varias fotos de Helga para él y que cuando volviera se las entregaría. Nada más llegar le había dicho que me había enterado de la muerte de Mich, y Moisés no había hecho el menor comentario.

Epílogo en las Chimeneas

EL PERRO ATIGRADO

Una noche vi a Dominique en una silla de la plaza y me senté junto a él. No teníamos muchos recuerdos en común aparte de su lejana relación con Omar, Mich, Moisés y Helga. Además, estaba aquel francés amigo suyo que había enseñado al perro a embestir, aquel perro que un día le habían robado. Sí, Cristiano era muy amigo suyo y solían estar siempre juntos, hasta el día que le robaron el perro y se había marchado a Francia. Dominique hablaba pestes del chico del perro y decía que era un ladrón, que les había quitado dinero a todos, a Helga, a Mich y a él, y que debería estar en la cárcel por ladrón. Lo lamentaba por el perro.

Un día me contaría Omar «su» versión de la historia del perro. Al parecer una chica de Badalona lo había criado desde pequeño, y cuando se hizo tan grande los padres no lo quisieron en la casa, por lo que decidió regalárselo al amigo de la chica y a Dominique. Omar ignoraba los lazos que pudiera haber entre ellos y contaba una historia confusa con el perro como único protagonista porque no quería ni mencionar al chico que la policía había detenido. Yo no quise comentarle nada sobre mi visita a las Chimeneas cuando detuvieron al chico. Posteriormente siguió contando que «alguien» había vendido el perro: un perro caro porque era muy grande, muy bonito y muy dócil, aunque fiero si no se lo trataba adecuadamente. Antes de cerrar el negocio, según Omar, los compradores estuvieron varios días viéndolo hasta que decidieron quedárselo. Entre las mentiras y los enredos de Omar, no quedaba claro quién lo pudo haber vendido ni dónde lo habían tenido guardado hasta venderlo.

Pero aquellas solo eran versiones tergiversadas en las que se mezclaban la historia del perro atigrado y la desaparición del perro del francés. Cuando un día fui a visitar de nuevo a Moisés en las Chimeneas, estaba allí el dueño del perro, que fue escueto y contundente: nadie le había quitado su perro y nadie lo había vendido, simplemente se lo habían robado. Y luego un día Dominique me revelaría que, en realidad, el perro lo había vendido el chico para conseguir droga.

VISITA A LAS CHIMENEAS

Hacía buen día y decidí darme una vuelta por las Chimeneas y charlar un rato con Moisés. A pesar de ser fiesta (Todos los Santos) y de que eran las doce, la especie de parque que era aquello estaba desierto y solo lo poblaban algunos viejos de la residencia y un grupo de africanos posiblemente expulsados de algún otro lugar más céntrico y acogedor. Antes había visto reunidos a muchos de ellos en los jardines de los alrededores de la iglesia románica de San Pablo del Campo, pero la última vez que había pasado por allí había encontrado el lugar rodeado de verjas casi de aquellas de separar fronteras, solo que sin concertinas.

Había algunos viejos solitarios y, más allá, sentados alrededor de una mesa de hormigón, un grupo de hombres presidido por Moisés. El chico del perro me vio y, como Helga había hecho durante tantos años con Mich, avisó a Moisés de mi llegada. Estaba alegre y se mostró eufórico cuando nos dimos un largo abrazo. Empuñaba una Xibeca. El chico del perro, que ahora llevaba una larga barba descuidada, mostraba las manos magulladas por golpes y la cara abotargada, y tras saludarme un poco indiferente y, quizás para demostrarme que se acordaba de mí, me volvió a repetir que le robaron al perro. Ahora tenía una hermosa y enorme perra color canela de solo seis meses con la que jugaba un señor de pelo blanco al que recordaba haber visto algunas veces con Helga. Moisés dijo que era alemán. Saludé a los demás: un joven escuálido, mugriento, con pelo lacio, largo y aceitoso, que preparaba un porro, y otro con barbas y uñas largas muy negras, con los dedos afilados de un repulsivo color rojizo empuñando otra litrona envuelta en una bolsa de plástico. Los dos bancos inamovibles estaban adosados a ambos lados de la mesa formando una instalación de hormigón de estilo merendero, y le pedí al chico sentado al lado de Moisés que me dejara un sitio en la punta para poder charlar con él. Estaba locuaz, y presidía la mesa y la conversación mostrando a veces una gran agresividad y amenazando con darle una paliza a un tipo que empujaba un carrito a lo lejos. Al morir Mich, su encono había buscado a otro o a otros en quienes cebarse. El que había terminado de liar el porro se lo ofreció para que le diera una calada a ver si se tranquilizaba, lo que consiguió por el terrible ataque de tos que le sobrevino. El chico le pidió ochenta céntimos y Moisés se los dio rezongando. Poco después volvió con un tetrabrik de vino blanco. Se acercó a Moisés un negro delgado de barba blanca que le ofreció una rayita, que este rechazó. Yo pensé que debía de ser una forma de comunicarle a aquel señor mayor, con aspecto de tener pasta, que disponía de droga para vender.

Todo este ambiente me hizo recordar que era primeros de mes y que, como cuando estaba en la plaza, los amigos lo agasajaban sabiendo que disponía de dinero. Moisés me contó, aparte y en plan confidencial, que le habían dado un par de jamacucos y había caído al suelo desmayado. De uno se había recuperado rápido, pero con el otro tuvieron que llevarlo al hospital. La perra, inquieta, se encaramó encima de la mesa, se tumbó, se revolcó y se puso a jugar mientras todos la acariciaban y la sobaban, hasta que el chico la bajó y ató al banco con la enorme cadena que la sujetaba. Yo, mientras, aproveché el revuelo para levantarme y despedirme, no sin que antes Moisés me pidiera una moneda, a lo que accedí dándole lo que llevaba suelto disimuladamente.

ÚLTIMA VISITA A LAS CHIMENEAS

Aún volvería a acercarme otro día por las Chimeneas. No se veía a ninguno de los amigos por los alrededores. Cuando pregunté por Moisés en la residencia, me dijeron que estaba ingresado en el Hospital Clínico. Ni siquiera se me ocurrió que podía zanjar allí mis relaciones con el único superviviente de aquel grupo al que había tratado durante los últimos años. De hacerlo así hubiera sido como si considerara que este también había muerto. Pero si que pensé en la alegría que recibiría al ver que seguía preocupándome por él. Así que por la tarde me acerqué a visitarlo con unos dulces de regalo. Estaba solo y se alegró mucho al verme. Se quejaba de que ningún colega se había pasado a visitarlo. Allí llevaba más de quince días y decía que querían operarle la pierna. Él estaba bien y tranquilo, y la comida le parecía que era mucho mejor que la de la residencia. Me dediqué a escucharlo prestando atención a las mismas historias que me había contado en multitud de ocasiones. Ahora respetaba a Mich por estar muerto, por lo que evitó hablar de él, aunque hizo algunas referencias a los cariños y los celos que siempre hubo entre el «moro», la Helga y él. Hubo confidencias íntimas de las frecuentes aventuras de la Montse con todos ellos hasta que, ya atardeciendo y casi a oscuras, se presentó un señor de Arrels que venía a hacerle la visita de rigor. Moisés siguió hablando, pero viendo que los temas que comenzó a tratar no me incumbían, decidí marcharme. Al darle un abrazo, le entregué disimuladamente diez euros para una tarjeta de la televisión.

Dos días más tarde regresé a verlo, pero su cama estaba ocupada por otro enfermo. Una de las enfermeras me dijo que creía que le habían dado el alta hacía unas horas y se había marchado con unos señores.

FINAL DE PARTIDA

Transcurrieron los años de confinamiento, de COVID y de recuperación, y nunca más se me ocurrió volver por las Chimeneas. El Pola continúa por la plaza como único testigo de la vida de unos personajes que la habitaron durante los últimos veinte años (al menos eso dicen mis archivos fotográficos). No hay más que darse una vuelta por los alrededores y por el barrio en general para encontrarse con ese mismo espécimen de hombre sin rumbo cuya presencia es hoy vetada en la plaza, en la Rambla del Raval o incluso en los alrededores del comedor de la plaza de San Agustín. Sin embargo, esporádicamente, hombres solos o en grupo, de edades que suelen superar los cuarenta años, duermen al sol o se reúnen alrededor de las escasas sillas en compañía de sus correspondientes tetrabriks. El Pola es un testigo mudo como podía serlo Helga. Su nulo conocimiento del español lo hace aún más invisible, aunque él trate a veces de destacar su presencia gritando desaforado. Posiblemente los de Arrels lo hayan intentado recuperar, como han hecho con los demás, pero este polaco parece ser un caso perdido. A veces me lo encuentro sentado en el suelo en el mismo rincón de Mich, aferrado a su tetrabrik, lo saludo dándole la mano, y él me suelta una larga perorata en inglés de la que solo entiendo la palabra «Omar», lo que posiblemente quiera decir que lo ha visto, que acaba de dejarlo, que estaba en el local de Arrels de la calle Ancha, que fueron a Riereta o cualquier otra aventura que le gustaría contarme para que lo escuche. Pero yo, abrumado y sin entender nada, me quito de en medio y le doy unas monedas que él no me pide.

Ahora ya hace tiempo que no me tropiezo con Omar. Posiblemente los de Arrels hayan conseguido al fin hacer de él un exalcohólico, como él quería, ubicándolo en algún taller de manualidades con Karim y otros. Las últimas veces que nos vimos, tras saludarnos, y sabiendo que lo que quería era que le diese algo, me rascaba el bolsillo y le soltaba unas monedas. Ya ni siquiera hablábamos de nada ni de nadie porque ya no quedaba nadie de quien hablar ni nada que contarnos. Si continuaba bebiendo o había dejado de beber, como si seguía viviendo en la calle del Carmen o en cualquier otro lugar, era algo que había dejado de interesarnos: tanto a él contármelo como a mí saberlo.

No obstante, no todos los lazos se habían roto, porque un día, al cabo de los años, recibí una grata sorpresa al encontrarme inesperadamente con Moisés, que estaba aparcado junto al escaparate del restaurante Les Quinze Nits, frente a la Herboristeria del Rei. Serían las doce y yo venía del mercado. No lo había visto de lejos, y cuando me di cuenta de su presencia, ya lo tenía enfrente. Ambos nos miramos sorprendidos y nos dimos un fuerte abrazo y unos besos. Dijo que si no lo hubiera saludado no me habría reconocido, con el pelo corto y la barba blanca. Me senté a su lado en el escalón de la puerta del rincón, junto a la litrona que tenía en el suelo. Estuvimos charlando más de media hora. Bueno, como siempre, él estuvo hablando todo el tiempo. Y también como siempre sus historias fueron inconexas, respondiendo a los mismos clichés que, como yo cuando me hacen entrevistas, solemos repetir cuando hablamos de las diversas etapas de nuestras vidas. Tras la muerte de Mich y Helga, Moisés los había mitificado y convertido en una gran pareja inseparable: desde que se habían conocido en Ámsterdam habían permanecido siempre juntos, y habían muerto los dos casi al mismo tiempo. Decía que había venido a la plaza un poco por nostalgia, pero también porque se había enterado de que había música. Ahora la veía muy cambiada.

Me despedí de él con un abrazo y unos besos y prometí que me pasaría un día por las Chimeneas para verlo. Le di diez euros y me marché para casa.

ÍNDICE